LA COCINA DE I

POSTRES

DISCARDED

- Sopas
- Chiles
- Carnes
- Cocina mexicana al natural
- Pescados
- Aves
- Vegetariano
- Postres

POSTRES

PATRICIA QUINTANA

OCEANO

POSTRES

© 2010, Patricia Quintana

© Pablo Esteva (por las fotografías)

D. R. © Editorial Océano de México, S.A. de C.V.
Boulevard Manuel Ávila Camacho 76, 10º piso,
Colonia Lomas de Chapultepec, Miguel Hidalgo,
Código Postal 11000, México, D.F.
 Tel. (55) 9178 5100
info@oceano.com.mx

Primera edición: 2010

ISBN 978-607-400-380-2

Hecho en México / Impreso en España
Made in Mexico / Printed in Spain
9002945010910

ÍNDICE

MANGOS MANILA
A LA SAL Y LIMÓN
8

MANGOS A LA CUCHARA
10

DULCE DE MANGO
11

MANGOS AL NATURAL
12

CORONA DE HIGOS
14

ESPUMA DE MARACUYÁ
Y FRUTAS CARAMELIZADAS
16

GUAYABAS
CON MIEL DE MAGUEY
18

CASCOS DE GUAYABA
EN DULCE
20

CASCOS DE GUAYABA
RELLENOS DE GUAYABA
EN DULCE DE PILONCILLO
22

CONSERVA
DE XOCONOSTLE
24

POLVORONES DE CACAHUATE
DE GUADALUPE
26

PANQUÉ AL AMARANTO
28

TEJAS DE ALMENDRA
30

DULCE DE PLATÓN
32

DULCE DE PLATÓN DE
GUANÁBANA Y CHICOZAPOTE
34

BIZCOCHITOS DE NATA
36

ATOLE DE AMARANTO
38

ATOLE DE CACAHUATE
39

ATOLE DE AVENA
40

GELATINA DE ZAPOTE NEGRO
CON JUGO DE MANDARINA
Y MERENGUE DE FRESA
41

GELATINA
DE ARCOIRIS
44

GELATINA DE LECHE
ESTILO BERTHA
46

GELATINA DE MAMEY
48

GELATINA DE CAJETA
50

MOUSSE DE PIÑA
DE EMILIA
52

HUEVOS FLOTANTES
54

ARROZ CON LECHE
56

ALEGRÍAS CON SALSA
DE CHOCOLATE AL CHILE
ANCHO Y SORBETES
58

ALCATRAZ A LA VAINILLA
CON CAJETA
60

CONOS DE CHOCOLATE
A LA CAJETA
Y HELADO DE VAINILLA
63

COPA DE MANGO,
ZARZAMORA Y FRAMBUESA
65

SABORES DE CHOCOLATE
66

PASTELITOS AL LICOR
DE TEQUILA
69

FLAN
72

COCADA IMPERIAL
74

GALLETITAS
DE PIÑÓN Y NUEZ
76

GARIBALDIS
78

TARTA DE PAPAYA CON COULIS
DE ZARZAMORA Y MANGO
80

BUÑUELOS DE MANZANA
83

ENSOLETADO A LA VAINILLA
84

ENSOLETADO DE CAFÉ
86

MERMELADA
DE MANZANA Y CIRUELA
88

MERMELADA
DE FRAMBUESA
89

MERMELADA
DE ZARZAMORA
90

PRESENTACIÓN

———

El arte culinario mexicano es una expresión humana que refleja la comunión perfecta de la experiencia sensorial de los dones de la tierra y el amor por las tradiciones y las enseñanzas que hemos heredado de nuestras raíces.

Nuestra gastronomía nace y se recrea a través de los sentidos. La apetencia por los guisos tradicionales surge cuando admiramos el colorido de los mercados: las canastas de palma tejida rebosantes de quelites, lechugas, rábanos, jitomates, papas, cebollas blancas y moradas. Al sentir la textura de los chiles anchos, poblanos, mulatos, serranos; de las hojas de maíz secas, de los nopales, de los miltomates, evocamos el recuerdo vivo de su sabor tan familiar. Los aromas del cilantro, el epazote, la hoja santa, de las hojas de aguacate y de plátano despiertan el antojo por la infinidad de sazones que matizan el sabor del maíz, el frijol, las carnes, los mariscos, los pescados.

La diversidad de ingredientes que forman parte del festín culinario es una característica muy valiosa de nuestra gastronomía, sin embargo, el elemento que le da esa identidad incomparable es el corazón que ponen las mujeres en esta noble tarea. Esta devoción es parte de las tradiciones que provienen desde la época prehispánica; de nuestros abuelos, quienes de boca en boca, de corazón a corazón nos enseñaron a apreciar con humildad a la naturaleza y sus frutos. Para ellos, el mundo natural y lo sobrenatural se entrelazaban, ligados íntimamente en el equilibrio cotidiano. Así, las artes culinarias matizadas por un sentimiento sagrado y místico alimentan tanto al cuerpo como al espíritu de los hombres.

La fusión con la cultura occidental y la oriental permitió un gran enriquecimiento gastronómico. Este legado se mantiene vivo en nuestras propias recetas que se han hilado con diversos gustos que llegaron de otras tierras: de Europa, las almendras, el aceite de oliva, las cebollas, el ajo, la leche, los quesos, la crema, el puerco, el vino, las aves; de Asia, la pimienta negra, el jengibre, la soya, el arroz; del Caribe, el arroz con pollo, el pimiento dulce, los frijoles en sofrito, los picadillos, el plátano verde, la yuca, el ajo, el pescado en escabeche y los cascos de guayaba. Nuestra comida refleja ese intercambio cultural en donde la historia se proyecta, se compenetra, se revive.

Los guisos con el particular sazón de cada región de nuestro país son un maridaje único de las sinfonías de color y sabor de sus elementos esenciales: los jitomates, los tomatillos, el chile serrano, el jalapeño, el cacahuate, la vainilla, el chocolate, el pulque. La comida es la manifestación artística más representativa de nuestras fiestas y ferias; así, al paso de las generaciones, nuestra profunda sensibilidad del festejo y el enamoramiento por el sabor se perpetúan en nuestras tradiciones.

Desde pequeña, la cocina ha sido para mí remembranza y descubrimiento que se interioriza, se reflexiona. Es, como todo en la vida, un ir y venir de encuentros con la naturaleza, con la tradición, con nuestra esencia. Cada receta que presento en esta serie de obras es para mí una expresión imperecedera que define nuestro ser mestizo. Es un patrimonio vivo y cambiante que se ha enriquecido y renovado, que fluye intuitivamente según la inspiración adquirida a través de la búsqueda culinaria realizada por todos los rincones de México durante años.

Espero que disfruten estos libros, cada uno de ellos es un reencuentro con nuestro país que cautiva los sentidos y deleita al corazón a través de aromas, texturas y sabores.

PATRICIA QUINTANA

MANGOS MANILA
A LA SAL Y LIMÓN

PARA LOS MANGOS:

8   mangos manila grandes, maduros, sin piel

PARA LA GUARNICIÓN:

Limón al gusto
Chile piquín al gusto
Sal al gusto

PARA PREPARAR LOS MANGOS:

Con un tenedor para mangos ensarte en el centro de los mismos; repase con la parte de atrás de un cuchillo filoso la piel del mango para que la retire con facilidad; desprenda la piel de abajo hacia arriba.

PRESENTACIÓN:

Haga en sesgo de 3-4 cortes transversales al mango; salpique el limón y la sal con chile piquín.

VARIACIÓN:
• Prepare mangos manila o petacones grandes, verdes, sin piel, de la misma forma que el anterior; en lugar de cortes transversales hágalos longitudinales y en sesgo.

NOTAS:
• Lave las frutas con un cepillo o una esponja, después desinfecte por 15 minutos. Escurra y deje orear antes de utilizarlas en la receta.
• Compre el mango semiverde, déjelo madurar durante 3-4 días y utilícelo.
• El mango manila tiene muchas propiedades, es rico en vitaminas.
• Hay varias clases de mangos: el manila, el niño (que es pequeñito de la misma clase que el manila), el ataulfo, el petacón, el criollo y otros híbridos.
• Cuando retire la piel del mango haga 4 cortes longitudinales y retírela con la ayuda de un cuchillo jalando hacia abajo.

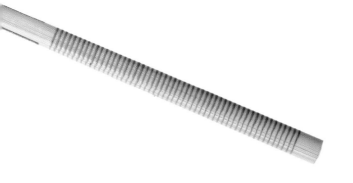

MANGOS
A LA CUCHARA

PARA 8 PERSONAS

PARA LOS MANGOS:

2   mangos manila grandes, maduros
2   mangos ataulfo grandes, maduros
2   mangos petacones medianos, maduros
2   mangos niño maduros

PARA PREPARAR LOS MANGOS:

Corte los mangos con un cuchillo filoso por ambos lados.

PRESENTACIÓN:

En un plato grande extendido, coloque las mitades de los mangos una detrás de otra, o bien, con una cuchara retire una porción y colóquela nuevamente en el agujero que se formó.

VARIACIONES:
- Sirva los mangos con yogurt, crema, jocoque, crema batida o helado.
- En caso de que sea el mango niño utilice una cucharita de café o té

NOTAS:
- Lave las frutas con un cepillo o una esponja, después desinfecte por 15 minutos. Escurra y deje orear antes de utilizarlas en la receta.
- Compre el mango semiverde, déjelo madurar durante 3-4 días y utilícelo.
- Hay varias clases de mangos: el manila, el niño (que es pequeñito de la misma clase que el manila), el ataulfo, el petacón, el criollo y otros híbridos.

DULCE DE MANGO

PARA EL MANGO:

2   mangos manila maduros de 425 g [14 oz] cada uno

1   mango ataulfo maduro de 300 g [10 oz]

1   taza de leche condensada

PARA PREPARAR EL MANGO:

Con un cuchillo filoso corte los mangos por ambos lados y con la ayuda de una cuchara extraiga la pulpa de la piel. En una licuadora muela la pulpa de los mangos con la leche condensada. Pase la mezcla a una jarra y refrigere durante 1 hora.

PRESENTACIÓN:

Vierta el dulce de mango en diferentes vasos tequileros o en copas.

VARIACIONES:
- Métalos al congelador por espacio de 2 horas y sírvalos.
- Utilice mamey en su punto o pérsimo maduro en lugar de mango.

NOTAS:
- Lave las frutas con un cepillo o una esponja, después desinfecte por 15 minutos. Escurra y deje orear antes de utilizarlas en la receta.
- Compre los mangos semiverdes, envuélvalos con papel, déjelos a temperatura ambiente durante 2-3 días, refrigérelos.
- Hay varias clases de mangos: el manila, el niño (que es pequeñito, de la misma clase que el manila), el ataulfo, el petacón, el criollo y otros híbridos.

MANGOS
AL NATURAL

PARA LOS MANGOS:

3   mangos manila grandes, maduros
3   mangos ataulfo grandes, maduros
3   mangos petacones medianos,
       maduros
3   mangos niño maduros

PARA PREPARAR LOS MANGOS:

Con un cuchillo filoso corte los mangos por ambos lados.

PRESENTACIÓN:

En un plato grande extendido, coloque las mitades de los mangos, una detrás de otra y sírvalos.

VARIACIONES:
- Sirva los mangos con yogurt, crema, jocoque, crema batida o helado.
- Coloque las mitades de los mangos sobre hielo picado.

NOTAS:
- Lave las frutas con un cepillo o una esponja, después desinfecte por 15 minutos. Escurra y deje orear antes de utilizarlas en la receta.
- Compre el mango semiverde, déjelo madurar durante 3-4 días y utilícelo.
- Hay varias clases de mangos: el manila, el niño (que es pequeñito de la misma clase que el manila), el ataulfo, el petacón, el criollo y otros híbridos.

CORONA DE HIGOS

PARA LA FRUTA:

24   higos grandes, maduros, sin piel

PARA EL *COULIS*:

1½   mangos manila maduros
½   taza de jugo de naranja
½   taza de azúcar
⅓   taza de Grand Marnier

PARA LA GUARNICIÓN:

¾   taza crema natural, espesa
½   piloncillo oscuro, rallado

PARA PREPARAR LOS HIGOS:

Engrase ligeramente con agua y aceite los moldes de 8 cm [1.6 in] de diámetro por 3.5 cm [1.4 in] de altura. Retire la piel de los higos con cuidado y córtelos a lo largo; colóquelos en el fondo con la parte roja hacia abajo y acomode uno sobre otro cubriendo de la misma manera los costados del molde y rocíe en cada capa un poco de azúcar. Una vez lleno el molde con tres higos cada uno, apriete para que se compacte y cúbralos con papel plástico. Refrigere durante 3 horas.

PARA PREPARAR EL *COULIS*:

En la licuadora muela los mangos junto con el jugo de naranja, el azúcar y el Grand Marnier; remuela todo hasta obtener un puré y cuélelo. Refrigérelo hasta antes de servir.

PRESENTACIÓN:

En un plato ponga la corona de higos, a un costado haga una línea del *coulis* de mango y otra de crema. Adorne con un poco de piloncillo oscuro rallado.

VARIACIONES:
- Sirva en un platón en diversas formas o tamaños de los moldes acompañando con un higo entero o partido.
- Sirva con el *coulis* de maracuyá, la crema y el piloncillo.
- Agregue *coulis* de frambuesa y zarzamora.

NOTAS:
- Lave con cuidado los higos con una esponja, desinfecte durante 5 minutos. Retire y séquelos.
- Madure los higos dejándolos fuera del refrigerador durante 1-2 días; después podrá comerlos. Si llegan a su maduración en este tiempo, úselos. Tenga cuidado con la piel ya que es muy delgada y se puede romper.
- Los higos contienen azúcar natural, son dulces, energéticos y contienen fibra.

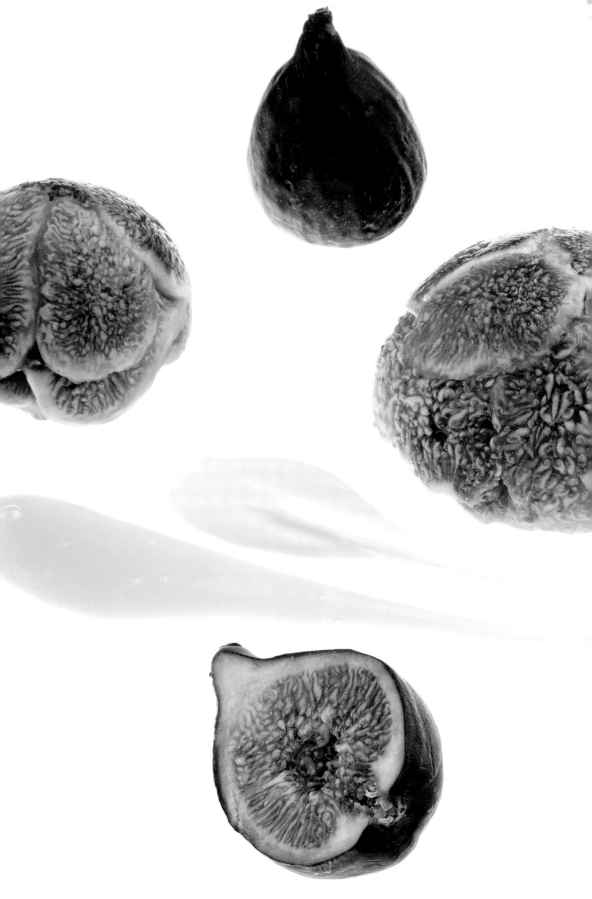

ESPUMA DE MARACUYÁ
Y FRUTAS CARAMELIZADAS

PARA LAS FRUTAS CARAMELIZADAS:

2	tazas de agua
2	tazas de azúcar
1	vaina de vainilla abierta
1	taza de agua para remojar la fruta
2	manzanas amarillas o rojas, rebanadas en mandolina, delgadas como papel
4	peras rebanadas en mandolina
3	limones, su jugo (para remojar la fruta)

PARA LA ESPUMA DE MARACUYÁ:

¾	lt [1 lb 10 oz] sorbete de maracuyá colado
3	tazas de crema dulce

PARA PREPARAR
LA MIEL PARA LAS FRUTAS:

Precaliente el horno a 350 °F-175 °C durante 1 hora.

En un recipiente ponga el agua, disuelva el azúcar. Introduzca la vaina de vainilla; cocínela durante 20 minutos. Deje enfriar un poco.

Sumerja las frutas en la taza de agua con el jugo de limón; póngalas en una charola y báñelas con la miel. Déjelas macerar en la miel de vainilla durante 10 minutos. Cocine las frutas durante 30 minutos o hasta que queden crujientes, transparentes y caramelizadas.

PARA PREPARAR
LA ESPUMA DE MARACUYÁ:

En un recipiente ponga el helado y agregue la crema dulce. Introduzca la mezcla a los sifones y ciérrelos con su válvula. Métalos al refrigerador durante 15 minutos, sacúdalos y antes de servirlo sacúdalos nuevamente; páselos al congelador durante 8 a 10 minutos para que la espuma sea abundante.

PRESENTACIÓN:

Sacuda el sifón, oprímalo y ponga la espuma de maracuyá en copas profundas o martineras; de un lado adorne con la fruta caramelizada.

VARIACIÓN:
• Adorne con zarzamoras y frambuesas.

NOTAS:
• Lave las frutas con un cepillo o una esponja, después desinfecte por 15 minutos. Escurra y deje orear antes de utilizarlas en las recetas.
• Lave la fresa y la frambuesa con cuidado, sumérjala en el agua y desinfecte por 8 minutos. Escurra y deje orear antes de utilizarlas en la receta.
• Maracuyá es una fruta que viene de Asia y se cultiva en zonas húmedas y tropicales.
• Si quiere una espuma más suave solamente refrigere el sifón. Tendrá que tener cuidado con el sifón ya que la válvula tiene que estar dentro del seguro, de lo contrario puede explotar.
• El sifón sirve para darle consistencia a las cremas, las hace como espumas, las aligera. El sifón se ha usado para la coctelería y ahora en la cocina vanguardista es un utensilio imprescindible.

GUAYABAS
CON MIEL DE MAGUEY

PARA LAS GUAYABAS:

12   guayabas grandes, maduras,
sin huesos

PARA LA GUARNICIÓN:

1½   tazas de miel de maguey o al gusto
16   rebanadas rectangulares de queso
fresco o panela de 40 g [1.3 oz] cada una

PARA PREPARAR LAS GUAYABAS:

Con un cuchillo filoso haga un pequeño corte por ambos lados y corte las guayabas por la mitad. Retire los huesos del centro, con la ayuda de una cuchara forme un hueco; tenga cuidado de no sacar mucha pulpa para que no se rompan los cascos de la guayaba.

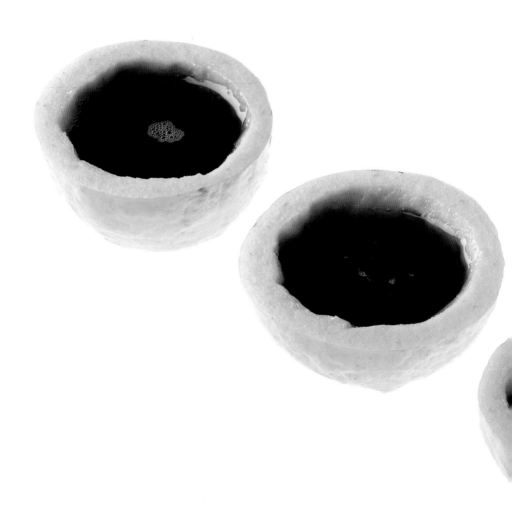

PRESENTACIÓN:

Rellene los cascos de guayaba con la miel de maguey; coloque las 3 mitades en platos extendidos u hondos en forma de línea o triángulo. Acompañe con 2 rebanadas de queso fresco al frente o atrás. Sírvalas de inmediato.

NOTAS:
- Lave las frutas con un cepillo o una esponja, después desinfecte por 15 minutos. Escurra y deje orear antes de utilizarlas en la receta.
Hay diferentes variedades de guayabas:
- *Media China.* La fruta de este tipo es de forma ovoide, de pulpa color crema amarillenta y sabor agradable, varía en tamaño.
- *China.* El fruto es pequeño, de forma redonda y generalmente de mucha consistencia; la pulpa es de color crema amarillenta y tiene abundante semilla.
- *Criolla.* En esta clasificación se ubican varios tipos de guayaba de tamaño y forma variables encontrándose con pulpa de color blanco, rosado y salmón.
- Es recomendable retirar las semillas de la guayaba para una mejor digestión.
- Se utiliza para hacer jugos, licuados, aguas frescas, dulce y ate.
- La guayaba es rica en vitamina C.

EN DULCE

PARA LOS CASCOS DE GUAYABA:

12	guayabas medianas, partidas por la mitad
6	tazas de agua
3	tazas de azúcar
3	rajas de canela de 30 g [1 oz] cada una

PARA LA GUARNICIÓN:

16	rajitas de canela de 6 cm [2 in] cada una
	Canela en polvo

PARA PREPARAR LOS CASCOS DE GUAYABA:

Con un cuchillo filoso parta las guayabas por la mitad y haga un pequeño corte por ambos extremos; retire las semillas con la ayuda de una cuchara para formar los cascos, teniendo cuidado de no romperlos.

En una olla ponga el agua, agregue el azúcar y la canela. Deje hervir durante 45 minutos a fuego lento; añada la fruta. Cocínela durante 10 minutos o hasta que esté suave pero sin llegar a romperse. Retírela del fuego y déjela enfriar a temperatura ambiente.

PRESENTACIÓN:

Sirva en platos hondos de 1-2 cascos de guayaba; agregue un poco de la miel y adórnela con
2 rajitas de canela. Espolvoree las puntas de las
rajas con canela en polvo.

VARIACIÓN:
- Rellene los cascos de guayaba con natilla
  de coco; con helado de vainilla o de nuez;
  con sorbete de zapote negro, de zarzamora
  o con crema batida o jocoque.

NOTAS:
- Lave las frutas con un cepillo o una esponja,
  después desinfecte por 15 minutos. Escurra
  y deje orear antes de utilizarlas en la receta.
- La guayaba tiene alto contenido de vitamina C.
- Para hacer los cascos, las guayabas tienen
  que estar semimaduras para que no se rompan
  en el momento de cocinarlas.
- Refrigere los cascos de las guayabas
  y guárdelos en frascos esterilizados.

Hay diferentes variedades de guayabas:
- *Media China*. La fruta de este tipo es de forma
  ovoide, de pulpa color crema amarillenta
  y sabor agradable, varía en tamaño.
- *China*. El fruto es pequeño, de forma redonda
  y generalmente de mucha consistencia;
  la pulpa es de color crema amarillenta
  y tiene abundante semilla.
- *Criolla*. En esta clasificación se ubican varios
  tipos de guayaba de tamaño y forma variables
  encontrándose con pulpa de color blanco,
  rosado y salmón.
- Es recomendable retirar las semillas
  de la guayaba para una mejor digestión.
- Se utiliza para hacer jugos, licuados,
  aguas frescas, dulce y ate.

CASCOS DE GUAYABA
RELLENOS DE GUAYABA
EN DULCE DE PILONCILLO

PARA LOS CASCOS DE GUAYABA:

12	guayabas medianas, partidas por la mitad
6	tazas de agua
3	tazas de azúcar
3	rajas de canela de 30 g [1 oz] cada una

PARA LAS GUAYABAS EN PILONCILLO:

20	guayabas medianas
8	tazas de agua
750	g [1 lb 10 oz] o 3 piloncillos negros
30	g [1 oz] o 3 rajas de canela
½	taza de azúcar
8	clavos
4	pimientas gordas

NOTAS:

- Lave las frutas con un cepillo o una esponja, después desinfecte por 15 minutos. Escurra y deje orear antes de utilizarlas en la receta.

Hay diferentes variedades de guayabas:

- *Media China.* La fruta de este tipo es de forma ovoide, de pulpa color crema amarillenta y sabor agradable, varía en tamaño.
- *China.* El fruto es pequeño, de forma redonda y generalmente de mucha consistencia; la pulpa es de color crema amarillenta y tiene abundante semilla.
- *Criolla.* En esta clasificación se ubican varios tipos de guayaba de tamaño y forma variables encontrándose con pulpa de color blanco, rosado y salmón.
- Es recomendable retirar las semillas de la guayaba para una mejor digestión.
- Se utiliza para hacer jugos, licuados, aguas frescas, dulce y ate.
- La guayaba es rica en vitamina C.

PARA PREPARAR
LOS CASCOS DE GUAYABA:

Con un cuchillo filoso parta las guayabas por la mitad y haga un pequeño corte por ambos extremos; retire las semillas con la ayuda de una cuchara para formar los cascos, teniendo cuidado de no romperlos.

En una olla ponga el agua, agregue el azúcar y la canela. Deje hervir durante 45 minutos a fuego lento; añada la fruta. Cocínela durante 10 minutos o hasta que esté suave pero sin llegar a romperse. Retírela del fuego y déjela enfriar a temperatura ambiente.

PARA PREPARAR LAS GUAYABAS:

Con un cuchillo filoso corte las guayabas por la mitad, después en cuartos y por último en sextos. En una olla ponga el agua; agregue el piloncillo, la canela, el azúcar, el clavo y la pimienta. Deje hervir durante 45 minutos hasta que espese un poco; añada la fruta y cocínela a fuego lento durante 3-4 horas, hasta que se forme una miel espesa. Espúmela durante la cocción.

PRESENTACIÓN:

Sirva los cascos y rellénelos con la guayaba en dulce de piloncillo.

CONSERVA
DE XOCONOSTLE

25   xoconostles verdes o rosados
        Agua suficiente
1   taza de cal
½   cucharadita de sal

PARA LA MIEL:

2   tazas de agua
2½   tazas de azúcar
1   raja de canela de 7 cm [2.9 in]
4   clavos enteros

PARA LA GUARNICIÓN:

½   lt [1 lb 1 oz] de helado de vainilla,
        de mamey o de nuez, o sorbete de
        frambuesa o mandarina
8   pepitorias de color rosa mexicano
        y 8 pepitorias moradas
        o 16 de diferentes colores

PARA PREPARAR LA CONSERVA:

Lave perfectamente los xoconostles. Con un cuchillo filoso retire la piel; pártalos por la mitad y con una cuchara retire las semillas. Páselos a un recipiente y déjelos remojando en agua con cal hasta cubrirlos. En una cacerola de cobre caliente suficiente agua y agregue la cucharadita de sal. Cuando suelte el hervor cocine los xoconostles hasta que queden suaves. Enjuáguelos en agua fría; séquelos.

PARA PREPARAR LA MIEL:

En una cacerola disuelva el azúcar con el agua, caliéntela a fuego lento hasta que quede un jarabe ligero. Añada los xoconostles, la canela y los clavos; déjelos hervir durante una hora en el jarabe. Retire la cacerola del fuego con los xoconostles, déjelos enfriar y repóselos por un día en el refrigerador.

Al día siguiente regrese el jarabe al fuego, déjelo cocinar hasta que espese y envase la conserva.

PRESENTACIÓN 1:

En platos grandes fríos (retire la humedad con un trapo) ponga las pepitorias de color rosa mexicano y morada una sobre otra. Moldee los helados o los sorbetes con una cuchara ovalada en forma de huevo. Mójela cada vez que retire los helados o los sorbetes. (Todo este procedimiento se podrá hacer por adelantado; ponga las bolas ovaladas de los helados o sorbetes sobre charolas en el congelador). Encima de las pepitorias acomode los 3 sorbetes de sabores; sobre éstos adorne con tiras de xoconostle, y a un costado coloque medio xoconostle. Sirva de inmediato.

PRESENTACIÓN 2:

En un plato extendido coloque tres mitades de xoconostle, adorne con las rajas de canela y unos clavos de la conserva.

VARIACIONES:
- Sirva la conserva en un plato hondo acompañada de helado cremoso de vainilla o sorbetes de sabores y con pepitorias de diferentes colores.
- Si desea que la conserva quede con un color rosado, reserve las semillas de los xoconostles y haga una muñequita con ellas; agréguelas durante la cocción, añada una raja de canela. Retire las semillas y la canela cuando quede la consistencia deseada.
- Acompañe con yogurt natural y papaya picada.
- La conserva de xoconostle se podrá refrigerar en frascos esterilizados y utilizarse como guarniciones de mousses, cremas y natillas.

NOTA:
- Lave las frutas con un cepillo o una esponja, después desinfecte por 15 minutos. Escurra y deje orear antes de utilizarse en la receta.
- Esterilice los frascos del tamaño que guste. En una cacerola ponga los frascos limpios, hiérvalos durante 45 minutos. Déjelos enfriar; escúrralos sobre una rejilla hacia abajo hasta que se evapore el agua.
- El xoconostle es un fruto ácido que nace en las nopaleras. Pertenece a la familia de las cactáceas xoconostle (xoco-agrio). Su color es rojo y verde. Se utiliza en conservas; para hacer salsas picantes; o frito para agregar a caldos.
- El xoconostle tiene propiedades curativas: ayuda a la bilis, al tratamiento de hernia, hígado irritado, úlceras estomacales, a la hiperglicemia (alto nivel de azúcar en la sangre), al colesterol y a la arterioesclerosis.

POLVORONES DE CACAHUATE
DE GUADALUPE

PARA 8 PERSONAS

PARA LOS POLVORONES DE CACAHUATE:

500	g [1 lb 1.3 oz] de cacahuate con cáscara
250	g [8.3 oz] de azúcar glass cernida 3 veces
250	g [8.3 oz] de harina ligeramente tostada y cernida 3 veces
200	g [6.6 oz] de manteca de cerdo

PARA LA GUARNICIÓN:

500	g [1 lb 1.3 oz] de azúcar glass
40	rectángulos de papel china de 12 x 22 cm [4.8 x 8.8 in] cortadas las puntas en forma de flecos de tiras delgadas

PARA PREPARAR LOS POLVORONES:

Precaliente el horno a 400 ºF-200 ºC durante 1 hora.

Abra los cacahuates y retíreles la cascarita rojiza. Muélalos perfectamente en el procesador hasta dejarlos como polvo, colóquelos en un recipiente. Añada el azúcar glass y la harina tostada cernida 3 veces; mezcle todo junto.

En una cacerola ponga a derretir la manteca. Déjela enfriar. Incorpórela al cacahuate cuando esté tibia y trabaje la masa con las manos. La pasta deberá quedar suave y consistente. Forme bolitas de 2 cm [.8 in] de diámetro y colóquelas sobre charolas engrasadas y enharinadas. Hornee durante 20 minutos o hasta que tomen la forma de polvorones, se abran ligeramente y se doren. Retírelos y aún calientes revuélquelos 3 veces por azúcar glass.

PRESENTACIÓN:

Ponga al centro del papel cortado el polvorón y amárrelo retorciendo las puntas. Coloque los polvorones amarrados en una charola y acompáñelos con café o té.

VARIACIONES:
- Haga los polvorones con almendra tostada en lugar del cacahuate.
- Antes de hornear forme las bolitas y aplástelas con la parte de atrás del tenedor.
- Sirva los polvorones sin el azúcar glass.
- Acompáñelos con helados cremosos: de vainilla, de cajeta o de queso.

NOTAS:
- La harina tendrá que tostarse en una sartén a fuego lento hasta que tome un color cremoso, déjela enfriar.
- El cacahuate deberá ser del fresco ya que no sabe igual al procesado; el de cáscara es más nutritivo.
- El cacahuate es energético.

PANQUÉ
AL AMARANTO

PARA EL PANQUÉ:

250	g [8.3 oz] de mantequilla
1	taza de azúcar
5	huevos grandes
240	g [8 oz] de harina integral cernida 3 veces con 1 cucharadita de polvo para hornear
2	cucharadas de jugo de limón
2	cucharadas de extracto de vainilla
3	cucharaditas de raspadura de limón

PARA LA COBERTURA:

60	g [2 oz] de amaranto

PARA PREPARAR EL PANQUÉ:

Precaliente el horno a 350 °F-175 °C durante 1 hora.

Bata la mantequilla en la batidora por 8 minutos hasta que esté muy cremosa, deje de batir y bájela con una espátula. Repita este procedimiento dos veces más hasta que quede esponjada y muy suave. Agregue el azúcar y bata durante 8 minutos más. Añada los huevos de uno en uno, continúe batiendo; baje la velocidad, agregue la harina cernida con el remanente de la cascarilla de la harina e incorpore el amaranto. Continúe batiéndola ayudándose con una espátula para envolverla. Incorpore el extracto de vainilla, el jugo de limón y la raspadura.

Engrase 3 moldes rectangulares de 15 x 8.5 cm [6 x 3.4 in], vierta en ellos la pasta, espolvoréelos con amaranto para cubrirlos y hornee durante 50-60 minutos o hasta que salga el palillo limpio.

Retírelos, deje enfriar y páselos a las rejillas. Se pueden hacer desde el día anterior.

PRESENTACIÓN:

Desmolde los panqués, páselos a una charola y sírvalos.

VARIACIONES:
- Sírvalo con trufas o dulce de platón.
- Sirva el panqué de amaranto para desayunos con yogurt y frutas de la temporada.
- Recubra los panqués con amaranto, semillas de girasol o pepitas de calabaza.

NOTAS:
- Los huevos deben estar frescos; rompa uno para que vea la consistencia de la clara, ésta deberá estar espesa y no líquida.
- El molde deberá estar bien engrasado con mantequilla, salpicado con harina y sacudido.
- Algunas veces se pone papel encerado al tamaño de la base del molde, engrase y enharine toda la superficie. Sacúdalo.
- El molde o los moldes en que se cocine el panqué deberán estar secos y después engrasados.
- Se podrán hacer en moldes para panqué.
- La harina integral contiene fibra y vitamina B.
- El amaranto es energético y tiene calcio.

DE ALMENDRA

PARA LAS TEJAS:

3	claras de huevo grande
¼	cucharadita de sal
¾	taza de azúcar
⅓	taza de harina cernida
1	taza de almendras sin piel, molidas en polvo
½	taza de mantequilla derretida y fría
½	cucharadita de extracto de almendras
1	cucharadita de extracto de vainilla

PARA LA COCCIÓN:

⅓	taza de mantequilla derretida

PARA PREPARAR LAS TEJAS:

Precaliente el horno a 350 °F-175 °C durante 1 hora.

Bata las claras a punto de turrón, agregue la sal, baje la velocidad de la batidora e incorpore poco a poco el azúcar hasta que las claras queden brillantes. Sin batir envuelva la harina cernida, la mantequilla fría, las almendras, el extracto de almendra y la vainilla. En 2 charolas coloque tapetes especiales para horno, engráselos ligeramente (si se engrasan mucho los tapetes, se derrite más la galleta; solamente se debe embarrar un poco con la ayuda de una brocha). Deje enfriar los tapetes para que no se extiendan tanto las tejas y ponga ¾ de cucharada de pasta, espárzala en forma de círculo con la parte de atrás de la cuchara hasta dejarla semitransparente. Hornee de 4 en 4 durante 6 u 8 minutos. Voltee las charolas durante la cocción. Retire las tejas de inmediato con la ayuda de una espátula, enróllelas en un rodillo para que tomen una forma cilíndrica. Déjelas secar.

PRESENTACIÓN:

Sírvalas de inmediato o póngalas en un frasco de cristal.

VARIACIONES:
- Moldee las tejas en moldes de metal ahuecados, de los que se utilizan para el pan.
- Acompañe las tejas con helado, frutas de la temporada o crema batida.
- Sirva las tejas con té o café.

NOTAS:
- Debe cocinar las tejas en charolas con teflón o con los tapetes de plástico especiales para pastelería para que no se peguen.
- Si quiere las tejas más ligeras y que se forme como un encaje, moldéelas en las charolas y tapetes calientes, retírelas como se indica en la receta.

DULCE
DE PLATÓN

PARA EL DULCE:

2½	tazas de leche
1	raja de canela de 8 cm [3.2 in]
50	g [1.6 oz] de harina de arroz
1	taza de leche
5	yemas de huevo grande
⅔	taza de azúcar
200	g [6.6 oz] de almendra sin piel, molidas casi como polvo
60	g [2 oz] de mantequilla derretida

PARA EL CARAMELIZADO:

1½	tazas de azúcar
2	cucharaditas de mantequilla, cortada en trozos pequeñitos

PARA PREPARAR EL DULCE:

En una cacerola ponga a hervir la leche junto con la canela durante 10 minutos para infusionarla. En un recipiente ponga la harina de arroz y disuélvala con la leche. Mientras, bata las yemas hasta que cambien de color, e incorpore el azúcar poco a poco hasta que se esponjen; añada la harina de arroz disuelta, continúe batiendo e incorpore la leche hirviendo.

Pase todo a una cacerola de doble fondo o de aluminio reforzado (no se podrá hacer en olla de aluminio ligero ya que oscurece la leche). Cocine el dulce a fuego lento durante 20 minutos, mueva con una espátula o pala de madera constantemente hasta que espese. Agregue las almendras molidas y continúe su cocción hasta que tenga la consistencia de un puré y se vea el fondo del cazo. Retire del fuego e incorpore la mantequilla derretida, mezcle todo y revuelva bien. Enfríelo en una cama de hielo y cúbralo con papel plástico para evitar que se le forme una nata por encima.

PRESENTACIÓN:

Caliente una plancha de fierro a fuego directo, o un quemador eléctrico, o un soplete.

Sirva el dulce de platón en platos pequeños de diversas formas; rellénelos sin que sobrepase la orilla. Salpique con el azúcar dejando una capa gruesa, agregue los trocitos de la mantequilla. Pase encima cualquier utensilio de fierro caliente para que se caramelice y se forme una capa del caramelo crujiente. Sírvalo de inmediato ya que si no se derrite.

VARIACIONES:
- Sirva en un platón mediano el dulce de platón.
- Haga el dulce de platón con fécula de maíz.
- Agregue al dulce de platón nuez o piñón molidos.
- Infusione la leche con cáscara de mandarina, naranja o limón.
- Agregue agua de azahar.
- Incorpore agua de rosas.
- Sírvalos con pétalos de rosas.

NOTAS:
- En caso de que se formen grumos, pase el dulce por una coladera de agujeros grandes.
- Ponga el agua a calentar en un recipiente e incorpore las almendras; cocínelas durante 10 minutos, repóselas y retíreles la piel. Escúrralas. Muélalas en un molino o procesador para que se muelan finamente.
- El caramelizado del dulce se hace sosteniendo el utensilio; dejando una distancia mínima para que se derrita el azúcar y se funda con el calor.

DULCE DE PLATÓN
DE GUANÁBANA
Y CHICOZAPOTE

PARA LA GUANÁBANA:

8	guanábanas grandes, maduras en pulpa 1.200 kg [2 lb 10 oz]
2	tazas de jugo de mandarina o naranja
1	limón, su raspadura
¾	taza de azúcar

PARA EL CHICOZAPOTE:

4	chicozapotes grandes, maduros
3	tazas de jugo de mandarina o naranja
¾	taza de azúcar o al gusto

PARA EL COULIS DE MANGO:

1	taza de mango maduro sin piel, cortado
½	taza de jugo de naranja
1	cucharada de azúcar

PARA PREPARAR EL DULCE DE GUANÁBANA:

Retire la piel y deshuese las guanábanas. En el procesador coloque la pulpa de las guanábanas, el jugo de mandarina, el azúcar y la raspadura de limón. Pruébelo. Si es necesario añada más azúcar.

PARA PREPARAR EL DULCE DE CHICOZAPOTE:

Retire la piel de los chicozapotes y deshuéselos. Licúe junto con las 3 tazas del jugo de mandarina hasta formar un puré y añada el azúcar.

PARA PREPARAR LOS COULIS:

En la licuadora mezcle el mango con el jugo y el azúcar, muélalos, deje una salsa semiespesa.

Precaliente el horno a 300 °F -175 °C durante 1 hora.

En un tapete para horno coloque el coulis de mango, extiéndalo con una espátula de manera que quede una cama delgada. Hornéelo durante 5-10 minutos o hasta que quede crujiente. Retírelo, deje enfriar; con la ayuda de una espátula raspe el crocante para que salga en trozos.

PRESENTACIÓN:

En salseritas sirva el dulce de guanábana y en copas o vasos pequeños el dulce de chicozapote; a un costado adorne con el crocante de mango.

VARIACIONES:

- Sobre platos extendidos coloque una tira de cartón fina. De un lado vierta el dulce de guanábana y del otro el puré de chicozapote. Retire suavemente la tira y adorne en la unión con fresas y rodajas de lima. Salpique con la nuez garapiñada. Sirva inmediatamente.
- Puede preparar este dulce con frutas de la temporada tales como zapote negro, mamey, guayaba o de su elección.

NOTAS:

- Lave las frutas con un cepillo o esponja, después desinfecte por 15 minutos. Escurra y deje orear antes de utilizarlas en la receta.
- La guanábana contiene minerales como el calcio, fósforo, hierro y es rico en vitamina C y provitamina A.
- La guanábana es diurética.
- El mango, es una fruta completa tiene vitaminas A y C; calcio y hierro.

BIZCOCHITOS
DE NATA

PARA LOS BIZCOCHITOS:

300	g [10 oz] de harina
3	cucharaditas de polvo para hornear
125	g [4.1 oz] de nata de leche espesa
40	g [1.3 oz] de mantequilla
2	huevos grandes
3	yemas de huevo
100	g [3.3 oz] de azúcar

PARA LA GUARNICIÓN:

1	huevo batido con 2 cucharadas de leche
	Azúcar (la necesaria para espolvorear)

PARA PREPARAR LOS BIZCOCHITOS:

Precalentar el horno a 350 °F-175 °C durante 1 hora.

Pase la harina junto con el polvo para hornear por el colador para cernirla; forme una fuente y ponga al centro la nata, la mantequilla, los huevos, las yemas, el azúcar y la leche. Incorpore todos los ingredientes hasta formar una masa, trabájela hasta que quede tersa y brillante. Forme pequeñas bolitas; barnícelas con 1 huevo batido, 2 cucharadas de leche y espolvoréelas con azúcar.

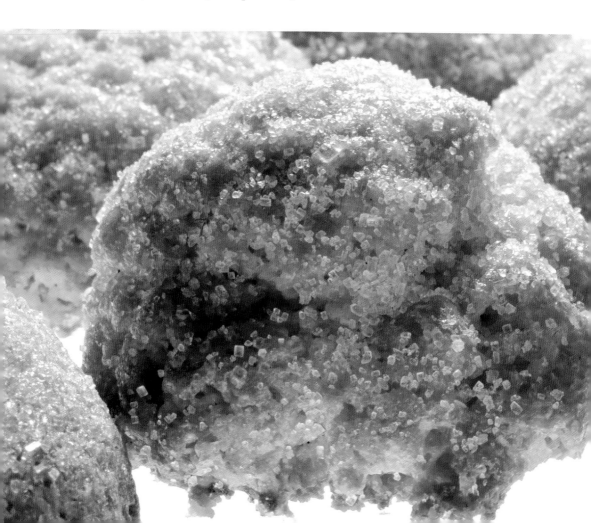

Colóquelas sobre una charola engrasada con mantequilla y enharinada o con papel encerado. Hornéelas durante 15-20 minutos o hasta que queden cocidas por dentro y doradas por fuera.

PRESENTACIÓN:

Coloque los bizcochitos en una charola.

VARIACIONES:
- Coloque los bizcochitos sobre una canasta con servilleta y acompañe el café o té.
- Revuélquelos saliendo del horno con azúcar o con piloncillo claro.
- Barnice con huevo y revuélquelos en chochitos de colores.
- Agregue 2 cucharadas más de nata y añada 2 cucharadas de mantequilla para darle más humedad.
- Haga los bizcochitos con harina integral, añada otro huevo, una yema con la nata y la mantequilla anterior.
- Sirva los bizcochitos con sorbetes o helados.

NOTAS:
- Los huevos deberán estar frescos.
- Guarde los bizcochitos en un contenedor hermético o en un frasco.

DE AMARANTO

PARA EL ATOLE:

⅓   taza de masa de maíz fresca
½   taza de agua
1   pizca de sal
6   tazas de leche
⅓   taza de azúcar
2   vainas de vainilla sin abrir
6   hojas de naranjo
2   tazas de amaranto

PARA LA GUARNICIÓN:

Amaranto al gusto

PARA PREPARAR EL ATOLE:

Disuelva la masa en el agua con la pizca de sal y déjela reposar 30 minutos.

En una cacerola honda ponga a hervir la leche junto con el azúcar y las vainas de vainilla durante 20 minutos; infusione las hojas de naranjo durante 4 minutos. Retire las hojas de naranjo ya que amargan. Agregue la masa disuelta y el amaranto. Cocine durante 40 minutos a fuego lento, moviendo ocasionalmente. Deje enfriar y refrigere.

PRESENTACIÓN:

Con la ayuda de una jarra con pico sirva el atole caliente o frío de ⅓-¼ de taza del atole de amaranto en cada vaso tequilero, o en jarros; encima decore con amaranto espolvoreado.

VARIACIONES:
- Haga el atole con leche de cabra.
- Mezcle la leche con la mitad de leche evaporada y la otra mitad de leche de cabra.

NOTAS:
- Si queda muy espeso haga una infusión con 3/4 de taza de leche hirviendo, 2 hojas de naranjo y 2 vainas de vainilla. Deje que se infusionen por 3-4 minutos. Incorpore la infusión al atole de amaranto dando un ligero hervor.
- La consistencia de este atole es cremosa.
- Sírvalo para el desayuno caliente o frío y como postre.
- El amaranto es una semilla de origen mexicano, se cultivaba desde la época prehispánica y se sigue produciendo hasta nuestros días.
- El amaranto es un cereal de alto contenido de calcio, es energético y nutritivo.

DE CACAHUATE

PARA EL ATOLE:

6	tazas de leche
½	taza de agua
3	cucharadas de fécula de maíz
⅓	taza de azúcar mas una cucharada
2	vainas de vainilla sin abrir
1	taza de cacahuate de cáscara, limpio
1	pizca de sal

PARA LA GUARNICIÓN:

Cacahuate rallado finamente,
al gusto

PARA PREPARAR EL ATOLE:

En una cacerola honda ponga a hervir la leche, la vaina de vainilla y el azúcar. En un recipiente disuelva con el agua la fécula de maíz, repósela durante 15 minutos. Mientras tanto muela el cacahuate en el procesador. Cuando la leche rompa el hervor retire la vaina de vainilla, agregue la fécula de maíz previamente disuelta y el cacahuate molido. Cocine durante 45 minutos a fuego lento moviendo ocasionalmente.

PRESENTACIÓN:

Sirva el atole caliente o frío con la ayuda de una jarra con pico de ⅓-¼ de taza en cada vaso tequilero o jarritos; encima decore espolvoreando el cacahuate.

VARIACIONES:
- Haga el atole con nuez o pepita de calabaza.
- Cocínelo con leche de cabra.

NOTAS:
- La consistencia del atole es cremosa, se le puede añadir más leche para hacerlo líquido.
- El cacahuate de cáscara es más sano que el frito.
- El cacahuate contiene fibra y es energético.

ATOLE
DE AVENA

PARA EL ATOLE:

6	tazas de leche
2	rajas de canela de 30 g [1 oz] cada una
⅓	taza de azúcar
8	cucharadas de avena
1	vaina de vainilla abierta por la mitad
1	pizca de sal

PARA LA GUARNICIÓN:

Avena entera tostada al gusto
Rajas de canela de 6 cm [2.5 in]
cada una

PARA PREPARAR EL ATOLE:

En una cacerola ponga a hervir la leche junto con las rajas de canela, una vez que rompa el hervor baje el fuego y agregue el azúcar, la avena, la vaina de vainilla y la pizca de sal. Cocine durante 45 minutos a fuego lento moviendo ocasionalmente, hasta que tenga la consistencia de un atole semiespeso.

PRESENTACIÓN:

Sirva el atole caliente o frío. Con la ayuda de una jarra con pico sirva de ⅓-¼ de taza del atole de avena en cada vaso tequilero, espolvoree con las hojuelas de avena dejando una capa y por un costado ponga una raja de canela a cada vaso para que sobresalga.

VARIACIONES:
- Haga el atole con leche de cabra o con leche evaporada.
- Mezcle la leche evaporada y la leche condensada; si lo hace así tenga cuidado de no azucararlo.
- Añada trozos de guayaba para obtener otro sabor.
- Incorpore hojas de higo, de guayabo u hojas de naranjo.
- Puede utilizar avena orgánica o integral.

NOTAS:
- Cuando tueste la avena muévala constantemente con la ayuda de una cuchara para que el tostado sea uniforme.
- La avena es un cereal energético, saludable y contiene fibra.

GELATINA DE ZAPOTE NEGRO
CON JUGO DE MANDARINA
Y MERENGUE DE FRESA

PARA 8 PERSONAS

PARA LA GELATINA:

3	tazas de zapote negro, maduro, limpio, sin huesos; pasado por un colador
1½	tazas de jugo de mandarina
4	cucharadas de jerez seco, dulce o manzanilla
4	tazas de agua caliente
2	rajas de canela
½	cucharadita de clavos molidos
¾	taza de azúcar mas 1 cucharada
3	sobres de gelatina sin sabor
⅔	taza de agua fría

PARA EL MERENGUE:

3	claras de huevo
7	cucharadas de azúcar
1	cucharadita de jugo de limón
2	cucharadas de jerez dulce
350	g [12 oz] de fresas limpias, licuadas
350	g [12 oz] de fresas limpias, cortadas en cuadritos
1	pizca de sal

PARA LAS TEJAS:

3	claras de huevo grande
¼	cucharadita de sal
¾	taza de azúcar
⅓	taza de harina cernida
1	taza de almendras sin piel, molidas en polvo
½	taza de mantequilla derretida, fría
½	cucharadita de extracto de almendras
1	cucharadita de extracto de vainilla

PARA PREPARAR LA GELATINA:

Limpie los zapotes, retírele las cáscaras, deshuéselos; páselos por un colador. Combine las tazas de zapote con el jugo de mandarina y el jerez. En una cacerola ponga a hervir el agua junto con la canela, los clavos y el azúcar. Cocine durante 40 minutos hasta obtener una miel espesa. Disuelva la gelatina sin sabor en ⅔ taza de agua fría. Déjela esponjar por 15 minutos, derrítala a baño maría e incorpórela a la miel espesa y a la mezcla del zapote.

PARA PREPARAR EL MERENGUE:

Bata las claras a punto de turrón; disminuya la velocidad e incorpore el azúcar poco a poco, junto con el jugo de limón, el jerez y la pizca de sal. Suba la velocidad nuevamente y continúe batiendo hasta que el merengue quede brillante. Añada las fresas molidas y las fresas en cuadritos hasta el último momento en forma envolvente.

PARA PREPARAR LAS TEJAS:

Precaliente el horno a 350 °F-175 °C durante 1 hora.

Bata las claras a punto de turrón, agregue la sal, baje la velocidad de la batidora e incorpore poco a poco el azúcar hasta que las claras queden brillantes. Sin batir envuelva la harina cernida, la mantequilla fría, las almendras, el extracto de almendra y la vainilla. En 2 charolas coloque tapetes especiales para horno, engráselos ligeramente (si se engrasan mucho los tapetes, se derrite más la galleta; solamente embarre un poco con la ayuda de una brocha). Deje enfriar los tapetes para que no se extiendan tanto las tejas y ponga ¾ de cucharada de pasta, espárzala en forma de círculo con la parte de atrás de la cuchara hasta dejarla semitransparente. Hornee de 4 en 4 durante 6-8 minutos. Durante la cocción voltee las charolas. Retire las tejas de inmediato con la ayuda de una espátula, enróllelas en un rodillo para que tomen una forma cilíndrica. Déjelas secar.

PRESENTACIÓN:

Sirva en copas alargadas ⅓ de taza de gelatina de zapote; refrigere durante 3 horas. Una vez que haya cuajado; con una duya rellene con el merengue de fresa.

VARIACIONES:

- La gelatina de zapote negro puede acompañarse con un trozo de teja de almendra y una fresa mediana.
- Puede variar el relleno de la gelatina sustituyendo el merengue por una mezcla de jocoque, yogurt y una gota de colorante.
- Desmolde la gelatina en platos individuales. Ponga en el centro el merengue alrededor adorne con el resto de las fresas. Sirva inmediatamente.
- El merengue se pone hasta el último momento por que se baja.
- La gelatina de zapote negro póngala en un molde para gelatina con figura, desmóldela y sírvala con el merengue de fresas o bien con fresas con crema batida.
- Al zapote negro póngale jugo de naranja o maracuyá en lugar de mandarina.
- Acompañe con *coulis* de mango o de frambuesa.
- Sírvala con frambuesas, con yogurt o a la crema.
- Acompáñela con galletas de nuez.

NOTAS:

- Lave las frutas con un cepillo o una esponja, después desinfecte por 15 minutos. Escurra y deje orear antes de utilizarlas en la receta.
- El zapote negro, madúrelo por una semana antes o cómprelo maduro.
- La fruta es verde por fuera y negra por dentro, su maduración hace que cambie la textura, color y el sabor.
- El zapote negro sirve para la digestión y es depurativo.
- La fresa contiene hierro, ácido fólico, ácido salicílico y vitamina C. Es una fruta con propiedades diuréticas y antirreumáticas.

DE ARCOIRIS

PARA LA GELATINA:

1	taza de agua hirviendo
1	taza de agua fría
40	g [1.3 oz] de gelatina de limón
40	g [1.3 oz] de gelatina de fresa
40	g [1.3 oz] de gelatina de durazno
40	g [1.3 oz] de gelatina de naranja
40	g [1.3 oz] de gelatina de cereza
1	cucharada de agua
½	cucharada de aceite vegetal

PARA LA GUARNICIÓN:

3	cucharaditas de crema natural

PARA PREPARAR LA GELATINA:

Disuelva cada gelatina en una taza de agua caliente, una vez disueltas vierta a cada una 1 taza de agua fría. A la gelatina de limón agregue 3 cucharadas de crema e incorpóresela.

Mezcle el agua con el aceite vegetal, engrase ligeramente un molde de 19 x 19 cm [7.6 x 7.6 in] y añada en el molde la gelatina de fresa en el fondo del molde. Refrigere la gelatina hasta que cuaje. Una vez cuajada la gelatina, incorpore la gelatina de durazno, después la de limón con la crema, la de naranja y finalmente la de cereza. Haciendo intervalos en cada gelatina previamente cuajada. Refrigere durante 6 horas.

Retire del refrigerador y póngala a temperatura ambiente durante 15 minutos. Mientras ponga un molde grande con agua caliente y sumérjalo 3-4 veces por unos segundos, hasta que se empiece a desprender. (En caso de que se pase la gelatina vuelva a refrigerarla y cuaje otra vez).

PRESENTACIÓN:

Corte la gelatina con moldes de estrellas grandes, medianas o chicas. Sírvalas de inmediato. O bien desmolde la gelatina entera y pásela a un platón.

VARIACIONES:
- Acompañe con fruta de la temporada, mangos, fresas, kiwi, zarzamoras, frambuesa, ciruelas, duraznos o lichis fríos.
- Sirva la gelatina con queso cottage o requesón.
- Moldee las gelatinas en moldes pequeños para fiestas de niños, o bien en rosca.

NOTAS:
- La gelatina es saludable y digestiva.
- A cualquier gelatina añada la crema y alterne otros sabores.
- Hágala con gelatinas que tengan menos cantidad de azúcar.
- La gelatina es una proteína compuesta por aminoácidos.

GELATINA DE LECHE
ESTILO BERTHA

PARA LA GELATINA DE LECHE:

2	sobres de gelatina sin sabor de 28 g [.9 oz] cada uno
½	taza de agua
1½	tazas de leche evaporada
3¼	tazas de leche de vaca
¼	taza de azúcar
1	cucharada de extracto de vainilla
3	yemas de huevo, batidas
1	cucharada de aceite de girasol o de maíz
½	cucharada de agua

PARA LA GELATINA DE AGUA:

2	tazas de agua caliente
1	caja de 80 g [2.5 oz] de gelatina de zarzamora
2	tazas de agua fría

PARA EL RELLENO:

1	kg [2 lb 3.3 oz] de fresas limpias, desinfectadas, secas con los rabitos; rebanadas a lo ancho y finamente picadas en cuadritos
1	kg [2 lb 3.3 oz] de frambuesas limpias, desinfectadas, escurridas, enteras

PARA PREPARAR
LA GELATINA DE LECHE:

En un recipiente ponga la gelatina sin sabor y disuélvala con el agua; déjela esponjar. En una cacerola vierta la leche de vaca, la evaporada y cocínelas a fuego lento hasta que suelten el hervor. Añada el azúcar junto con la vainilla, cocínelas durante 10 minutos. Bata las yemas con la batidora hasta que cambien de color. Vierta poco a poco la leche y regrese a la cacerola con el resto. Cocine las yemas mezcladas con la leche a fuego lento durante 10 minutos. Incorpore la grenetina esponjada y derrítala sin que hierva en la leche, muévala constantemente. Retírela del fuego. Aparte. Mezcle el aceite y el agua, engrase los moldes pequeños de tartaleta o cualquier otro molde de 11 x 6 x 1 cm [4.4 x 2.4 x .4 in]. Vierta la gelatina de leche en los moldes y esto dependerá del tanto de la gelatina de leche; si es un molde pequeño solamente agregue ½ cm [.2 in] o 6 cucharadas de la gelatina de leche para que pueda vertir la otra gelatina; refrigérela. En caso de que se utilice otro molde de 7.5 x 5 x 3 cm [3 x 2 x 1.2 in] de altura, ponga toda la gelatina de leche en la base del molde; refrigérela. Tenga cuidado de que las bases del refrigerador no estén chuecas ya que se cuajan ladeadas.

PARA PREPARAR LA GELATINA DE AGUA:

En un recipiente ponga a hervir el agua durante 10 minutos. Retire del fuego, añada la gelatina, muévala hasta disolverla. Incorpore el resto del agua y déjela enfriar. Retire del refrigerador los moldes cuajados con la gelatina de leche. Ponga una capa con las fresas finamente picadas o con las frambuesas enteras. Vierta lentamente en los moldes la gelatina de agua fría para cubrir la fruta si es en moldes pequeños; si es un molde grande cubra con la gelatina. Con cuidado vuelva a refrigerar la gelatina, tápela con papel plástico. Déjela cuajar 6 horas o toda la noche.

PRESENTACIÓN:

Antes de servir retire la gelatina cuajada de los moldes. Si son moldes chicos páselos dentro de un recipiente con agua caliente por unos segundos, deje que la base del molde toque el agua, para que la gelatina se desprenda fácilmente; con la ayuda de un cuchillo filoso o mojado en agua caliente despegue y corte la gelatina hecha en los moldes pequeños para que salga pareja; desmolde en la mano o en una superficie. Acomode los triángulos de la gelatina de leche con la base hacia abajo, encontrados como 2 rebanadas. Sirva de inmediato.

VARIACIONES:
- Haga la gelatina de agua con sabor de frambuesa o de fresa.
- Haga las gelatinas de leche o de agua en moldes de figuras separadas y sírvalas juntas.

NOTAS:
- Lave la fresa y la frambuesa con cuidado, sumérjala en el agua y desinfecte por 8 minutos. Escurra y deje orear antes de utilizarlas en la receta.
- Para que la gelatina no se derrita rápido pásele la mano humedecida con agua caliente.
- La gelatina no deberá hervir ya que no cuaja.
- La gelatina es saludable y digestiva.
- La fresa tiene alto contenido de vitamina C y es energética.
- La frambuesa contiene vitaminas C y A.

GELATINA
DE MAMEY

PARA LA GELATINA:

120	g [4 oz] de gelatina sabor naranja
6	tazas de agua
700	g [1 lb 8 oz] de pulpa de mamey madura
1¼	tazas de jugo de naranja colado

PARA LA GUARNICIÓN:

2	mameyes medianos, maduros, cortados en forma de media luna

PARA PREPARAR LA GELATINA:

Caliente el agua y disuelva la gelatina. Muela los mameyes con el jugo de naranja y combine con la gelatina disuelta. Engrase ligeramente con aceite un molde de 23 x 23 x 6 cm [9.2 x 9.2 x 2.4 in], viértala y refrigere.

PRESENTACIÓN:

Retire del refrigerador la gelatina, desmóldela sobre una superficie plana, corte círculos de 7½ cm [3 in] en forma de tambor; teniendo cuidado y con la ayuda de una espátula ancha retire los tambores de gelatina, páselos y colóquelos al centro del plato. Adorne sobreponiendo la rebanada de mamey en la gelatina. Sírvala de inmediato.

VARIACIONES:
- Corte el remanente de la gelatina en trocitos y sírvalos con yogurt.
- Sirva la gelatina entera con rebanadas de mamey maduro y acompáñela con crema batida.
- Retire del refrigerador la gelatina, desmolde sobre una superficie plana, corte una figura en rectángulo de 4.5 x 2.5 cm [1.8 x 1 in], después corte con un tubo de 2 cm [.8 in] de diámetro en forma de tamborcito y finalmente corte un triángulo de 3 x 3 cm [1.2 x 1.2 in].

NOTAS:
- Lave las frutas con un cepillo o una esponja, después desinfecte por 15 minutos. Escurra y deje orear antes de utilizarlas en la receta.
- Al mamey hay que dejarlo madurar de 2-3 días o bien calarlo retirando una pequeña porción de su cáscara para saber si ya tiene buen sabor y consistencia.
- El mamey es de tierra caliente y sus huesos se utilizan para hacer salsas.
- Los mameyes tienen alto contenido de vitamina C, calorías y fibra.

GELATINA DE CAJETA

PARA LA GELATINA:

3   sobres de gelatina sin sabor de 28 g [.9 oz] cada uno
1   taza de agua fría
2   tazas de cajeta quemada en frasco
1½   tazas de leche
½   taza de crema dulce

PARA LA GUARNICIÓN:

       Aceite vegetal
1½   tazas de crema natural

PARA PREPARAR LA GELATINA:

En una cacerola ponga a calentar la cajeta junto con la leche y la crema dulce. Cocine a fuego lento hasta que se disuelva la cajeta. Disuelva la gelatina sin sabor en el agua y déjela reposar. Retire del fuego e incorpore la gelatina esponjada. Muévala hasta que se deshaga y repósela de 10-15 minutos. Cuélela. Con la ayuda de una brocha engrase con aceite vegetal las flaneras o los tubos de 2 x 10 cm [.8 x 4 in], o los conos; tenga cuidado de que no queden muy húmedos o aceitosos. Si es en conos fórrelos con papel aluminio o papel plástico adherible para que los moldes queden herméticos.

PRESENTACIÓN:

Ponga agua caliente en un recipiente e introduzca por 2 minutos, ésto dependerá del molde que se use o hasta que la gelatina se desprenda de los lados; o bien, déjela a temperatura ambiente para que se desprendan. Tenga cuidado de que no se pase; en caso de que se suavice demás, refrigérela nuevamente y vuelva a hacer el procedimiento anterior.

Sirva en los platos fríos la gelatina con los diversos moldes. Adorne con una gota de crema natural del lado izquierdo y del otro lado esparza la cajeta haciendo un diseño.

VARIACIONES:
- En un molde ligeramente engrasado con aceite, vierta la gelatina y refrigérela de 3-4 horas. Introduzca el molde con la gelatina en agua caliente por 3 ó 4 minutos (tenga cuidado de que no se pase el calor porque se puede derretir) y desmóldela sobre un platón.
- Sírvala con crema batida.
- Adorne con hojas o chocolate rallado.
- Haga la gelatina y agréguele 1/2 taza más de leche y crema. Viértala en capas o en moldes pequeños.

NOTAS:
- La cajeta quemada envasada en frasco tiene mejor sabor y consistencia.
- La cajeta es elaborada con leche de cabra y se utiliza en diversos postres.

MOUSSE
DE PIÑA DE EMILIA

PARA EL MOUSSE:

1½	taza de leche
1	vaina de vainilla
2	yemas batidas
1	cucharada de fécula de maíz
1½	tazas de crema para batir, congelada por media hora
¼	taza de crema natural, congelada por media hora
2	cucharadas de azúcar
1	caja de 80 g [2.5 oz] de gelatina de agua sabor piña
½	taza de agua caliente
1	lata de 800 g [1 lb 11 oz] de piña en rebanadas, escurridas, cortadas en trocitos
2	claras a temperatura ambiente
2	cucharadas de azúcar
1	cucharada de aceite
1	cucharada de agua

PARA LA GUARNICIÓN:

2	rebanadas de piña gruesas de 3 cm [1.2 in], cortadas a lo ancho delgadas
8	rebanadas semicongeladas de piña casi transparente de [2 mm]
16	trocitos del corazón de la piña

PARA PREPARAR EL MOUSSE:

En una cacerola de peltre ponga a hervir la leche con la vainilla durante 10 minutos. Bata las yemas con la fécula de maíz hasta que cambien de color. Vierta poco a poco la leche hirviendo a las yemas batidas, páselas a un recipiente profundo. Cocínelas moviendo constantemente con el batidor de globo hasta que se forme una natilla semiespesa; o hasta que se vea el fondo del cazo. Se podrá ver si está en su punto cuando ponga una cuchara y la recubra; retire de la lumbre; siga revolviéndola hasta que esté tibia (cuélela si le salen grumos). En un recipiente combine las cremas semicongeladas y bátalas hasta que esponjen, reduzca la velocidad de la batidora, añada el azúcar; una vez incorporada, agregue la natilla tibia; envuélvala. Disuelva la gelatina con el agua caliente, agregue la piña en trocitos. Incorpore la gelatina a la natilla y pásela a un recipiente hondo; en forma envolvente. Mientras bata las claras a punto de turrón suave, agregue las 2 cucharadas de azúcar; continúe batiendo hasta que esté brillante, envuélvalas suavemente al mousse de piña.

Prepare moldes de panquecitos individuales profundos o en moldes de panqué; mezcle el aceite con el agua; barnice los moldes ligeramente con la mezcla. Pase el mousse a los moldes, sacúdalos para que queden parejos, refrigérelos durante 4 horas.

PRESENTACIÓN:

Ponga en un recipiente agua caliente, pase los moldes por unos segundos, repose el mousse y despréndalo con la ayuda de un cuchillo.

Desmolde los mousses o el mousse con cuidado; adórnelos en cada plato con las rebanadas de piña hacia atrás, deténgalas con unos trocitos de piña, coloque por encima del mousse las 2 rebanadas transparentes de piña al igual sosténgalas con trocitos más pequeños de piña. Sírvalas de inmediato.

VARIACIONES:
- Haga el mousse con grenetina natural.
- Si el mousse se hace grande sírvalo a un platón. Acompáñelo con crema batida.

NOTAS:
- Lave la fruta con cepillo o esponja, después desinfecte por 15 minutos. Escurra y deje orear antes de utilizarlas en la receta.
- Compre la piña semimadura; madúrela durante 3-4 días para que esté muy dulce. El resto de la piña ocúpela en jugo o para hacer agua fresca.
- La piña es buena para la circulación, para la buena digestión y ayuda a eliminar parásitos.
- La piña es rica en fibra y contiene vitamina C.

FLOTANTES

PARA LAS LECHES:

1½	taza de leche evaporada, hervida
⅔	taza de leche condensada, hervida
2	tazas de leche hervida

PARA LOS HUEVOS:

8	yemas batidas
1-1¼	tazas de azúcar
2	naranjas, su raspadura
2	limones medianos, su raspadura

PARA EL CARAMELO:

1¼	tazas de azúcar

PARA LAS CLARAS:

8	claras a la temperatura ambiente
1	pizca de sal
1	cucharadita de jugo de limón fresco

PARA PREPARAR LAS LECHES:

En un recipiente profundo ponga las tres leches, revuélvalas con la ayuda de un batidor de globo; póngalas a fuego lento hasta que hiervan; retire la nata con una coladera. Apártela.

PARA PREPARAR LOS HUEVOS:

En un recipiente bata las yemas, incorpore el azúcar poco a poco hasta que tomen un color claro y den el punto de listón (es cuando se hace un cordón sobre las yemas batidas). Baje la velocidad. Vierta la leche hirviendo poco a poco, continúe batiéndola hasta que espese un poco y las leches queden incorporadas. Agregue la raspadura de naranja y de limón. Páselas a un recipiente y cocínelas a fuego lento, muévalas constantemente en forma de semicírculo al centro y a los lados para que no se le forme

una película gruesa a la natilla; siga cocinando hasta que se cubra la cuchara ligeramente y con el dedo haga una línea al centro; deje que se vea una capa cubierta de la natilla sobre la cuchara; cocine hasta que de dos ligeros hervores. Retírela; pásela a un recipiente con hielo para que se enfríe. Recubra la natilla con papel plástico para prevenir que se forme una nata.

PARA PREPARAR EL CARAMELO:

Ponga un recipiente con fondo grueso, incorpore lentamente el azúcar y con la ayuda de una cuchara de madera muévala para que se derrita, vuelva a poner más azúcar, continúe moviéndola hasta que se integre, se derrita y tome un color caramelo dorado.

PARA PREPARAR LAS CLARAS:

En el recipiente ponga las claras a temperatura ambiente, salpíquelas con la pizca de sal. Bata las claras a punto de turrón suave, baje la velocidad de la batidora. Incorpore poco a poco el azúcar; continúe batiéndolas hasta que empiecen a tomar una consistencia espesa. Vuelva a subir la velocidad hasta que se formen picos duros. Agregue el jugo de limón, siga batiendo las claras hasta que estén brillantes y tenga la consistencia dura.

PRESENTACIÓN:

En platos pequeños ponga la natilla; con la ayuda de una cuchara coloque encima el merengue formando picos. Rocíe el merengue con el caramelo en forma de líneas.

VARIACIONES:
- Puede acompañarlo con pancake.
- Puede utilizar los ingredientes para hacer una carlota.

NOTAS:
- Lave las frutas con un cepillo o esponja, después desinfecte por 15 minutos. Escurra y deje orear antes de utilizar en la receta.
- La leche es un alimento básico: contiene proteínas, grasas, carbohidratos y calcio.
- El huevo contiene proteínas, vitaminas y minerales.
- Bata las claras junto con el azúcar en el último momento para que no pierdan su volumen y su consistencia.
- El caramelo no deberá estar muy caliente ya que se podría juntar con el merengue.

ARROZ
CON LECHE

PARA EL ARROZ:

1¾	tazas de arroz blanco de grano, largo, crudo
8	tazas de leche
8	hojas de naranjo chicas, secas
8	tazas de agua
3	tazas de leche evaporada
2	tazas de azúcar
3	rajas de canela de 7.5 cm [4.6 in] de largo

PARA LA GUARNICIÓN:

Canela molida al gusto

PARA PREPARAR EL ARROZ:

Lave el arroz, páselo por agua fría; escúrralo. En una cacerola ponga a hervir la leche con las hojas de naranjo durante 5 minutos. Retírelas. En un recipiente ponga el arroz y cúbralo con un poco de la leche infusionada durante 20 minutos. Escúrralo. En otra cacerola ponga el agua hervir, agregue el arroz y cocínelo durante 20 minutos o hasta que esté suave (el tiempo dependerá del tipo de arroz). Tenga cuidado de no sobrecocerlo. Escurra el arroz.

Incorpore al resto de la leche infusionada; la leche evaporada, el azúcar y la canela; deje hervir a fuego lento durante 35 minutos a que reduzca y cambie de color. Añada el arroz, cocínelo durante 40 minutos, deje que el arroz con leche espese.

Retire del fuego, mueva ocasionalmente para evitar que se forme una nata o recúbralo con papel plástico. Enfríelo.

PRESENTACIÓN:

Sirva el arroz en platos pequeños hondos, espolvorée con canela.

VARIACIONES:
- Añádale pasitas al arroz con leche.
- Infusione la leche con vaina de vainilla.
- Si no lo quiere tan dulce reduzca el azúcar a 1¾ taza.

NOTAS:
- El arroz contiene proteínas, sodio, hierro y calcio.
- La leche es un alimento básico; contiene proteínas, grasas, carbohidratos y calcio.
- La canela es aromática y sirve para tés y para condimentar alimentos.
- Las hojas de naranjo sirven para infusionar.

ALEGRÍAS
CON SALSA DE CHOCOLATE
AL CHILE ANCHO Y SORBETES

PARA LA SALSA DE CHOCOLATE AL CHILE ANCHO:

60	g [2 oz] de chile ancho o mulato asado, sin semillas, limpio
½	taza de leche
½	taza de Kahlúa
1⅓	tazas de crema natural
320	g [10.6 oz] de chocolate mexicano, cortado en trozos
250	g [8.3 oz] de chocolate semiamargo, cortado en trocitos

PARA LA GUARNICIÓN:

2	rebanadas de piña gruesa, madura, cortadas en 8 triángulos de 3 cm [1.2 in]
1	guanábana chica o chirimoya cortada en 8 triángulos
8	alegrías redondas
2	chicozapotes
8	ramitas pequeñas de hierbabuena
8	bolitas de sorbete de chabacano
8	bolitas de helado de cajeta
8	bolitas de sorbete de cajeta

PARA PREPARAR LA SALSA DE CHOCOLATE AL CHILE ANCHO:

Precaliente un comal durante 8 minutos; limpie y ase los chiles de un lado y otro presionándolos con la parte de atrás de la cuchara para que tengan un color parejo, cuidando que no se quemen. Retírelos. Lávelos y páselos a un recipiente con agua, remójelos durante 1 hora; escúrralos; muélalos con la leche y el Kahlúa hasta que tomen la consistencia de un puré. Agregue la crema, mézclelos hasta que se incorporen; pase la salsa a una cacerola; añada los chocolates; cocínelos a fuego lento hasta que se derritan (aproximadamente 20 minutos; si se desea puede hacerlo a baño María).

Una vez derretidos los chocolates, bátalos con el globo para que la salsa tome una consistencia aterciopelada. Retírela. Manténgala a temperatura ambiente o a baño María.

PRESENTACIÓN:

Haga un manchón con la salsa de chocolate, encima coloque la alegría; sobre está los sorbetes de sabores. (Saque las bolitas con un sacador de helado [*scoop*] humedecido en agua caliente para que los sorbetes queden húmedos), adorne con una ramita de hierbabuena. Al frente ponga los trozos de guanábana, de chicozapote y de piña. Sirva la salsa aparte en una salsera.

VARIACIONES:

- Introduzca en la salsa la mitad de las alegrías de manera que queden como medias lunas; escurra y ponga en 8 platos blancos grandes; bañe con otro poco de salsa en la media luna y deje caer un poco de chocolate en ambos lados. Enfrente coloque rebanadas de frutas. Encima de la alegría sin chocolate ponga las bolitas de sorbete. Sirva de inmediato.
- Acompañe con fresas, frambuesas y coco rallado.
- Sirva las alegrías recubiertas con la salsa y helado de café e incruste el helado con cacao tostado.
- Acompañe con mamey, pérsimo, rebanadas de mango, kiwi o pitaya.

NOTAS:

- Lave las frutas con un cepillo o una esponja, después desinfecte por 15 minutos. Escurra y deje orear antes de utilizarlas en la receta.
- La alegría contiene calcio y es muy nutritiva.
- El chocolate: un alimento rico en grasa vegetal, en vitaminas B1, B2, y C. Ayuda a la salud cardiovascular, previniendo las enfermedades del corazón o del desarrollo de cáncer.

CON CAJETA

PARA LOS ALCATRACES
(CONOS DE CHOCOLATE):

200	g [6.6 oz] de cobertura de chocolate oscuro, semiamargo, cortado en trocitos
150	g [5 oz] de chocolate oscuro, amargo, cortado en trocitos
8	conos de papel o de plástico, limpios

PARA LA SALSA DE CAJETA:

1½	tazas de cajeta quemada
½	taza de leche
½	taza de crema
½-¾	taza de licor de café

PARA EL *COULIS* DE MANGO:

2	mangos manila, ataulfo o petacón partidos por ambos lados
¾	taza de jugo de naranja o mandarina
1	cucharada de azúcar blanca o piloncillo

PARA EL *COULIS* DE ZARZAMORA:

2	tazas de zarzamora limpia, escurrida
¾-1	taza de jugo de naranja o mandarina
2-4	cucharadas de azúcar blanca o piloncillo

PARA EL HELADO DE VAINILLA:

¾	lt [1 lb 10 oz] de helado de vainilla

PARA PREPARAR LOS ALCATRACES
(CONOS DE CHOCOLATE):

Prepare un recipiente para baño María con agua; tape con el recipiente de arriba para que quede hermético y no se salga el vapor evitando que se manche el chocolate. Coloque los chocolates en trocitos en el baño María hermético, cocínelos a fuego lento hasta que se derritan, muévalos ocasionalmente con una espátula. Retírelos del baño María y reserve el agua caliente. Bata los chocolates con la ayuda de un globo o con una espátula para reducir la temperatura a 85 °F-28 °C o bien ponga una gota de chocolate en la parte superior del labio; y si siente que no quema continúe batiéndolos, vuelva a colocar el recipiente sobre el baño María para que se mantenga el brillo. Con la parte de atrás de una cuchara para sopa embarre los conos de papel con el chocolate derretido de forma que quede una capa semigruesa; con la mano sostenga y voltee hacia abajo para que escurra el chocolate derretido. Para que no quede muy grueso sacuda los conos y deje que salga el chocolate remanente, colóquelos en vasitos tequileros o chasers para que se sostengan. Déjelos enfriar, refrigérelos durante 3-4 horas o toda la noche para que se endurezcan. Desprenda los conos de papel. Con cuidado retire los conos de chocolate, será mejor que se hagan dentro del refrigerador con la puerta abierta para que no se derritan. Una vez sin el papel póngalos sobre una charola con papel encerado y manténgalos hasta la hora de servir.

PARA PREPARAR LA CAJETA:

En un recipiente vierta la cajeta quemada, la leche, la crema y el licor de café. Revuelva todo con la ayuda de una espátula hasta que esté mezclado; cocínela a fuego lento hasta que se forme una salsa semiespesa.

PARA PREPARAR EL *COULIS* DE MANGO:

Corte los mangos por ambos lados, retire las pulpas con una cuchara; píquelos. Muélalos en la licuadora junto con el jugo de naranja o mandarina y el azúcar o piloncillo. Deje la consistencia de una salsa semiespesa. Refrigérela.

EL *COULIS* DE ZARZAMORA :

En la licuadora ponga la zarzamora. Agregue el jugo de naranja o de mandarina junto con el azúcar o el piloncillo. Muélala durante 5 minutos hasta dejar una salsa semiespesa. Refrigérela.

PRESENTACIÓN:

En platos extendidos, fríos, coloque el alcatraz de chocolate. Saque la bola de helado con un *scoop* ovalado o redondo; colóquela al centro para que le de apariencia de pistilo del alcatraz. Adorne con la salsa de cajeta en forma de gotas extendidas y haga líneas con los *coulis* de mango y zarzamora. Sirva de inmediato.

VARIACIONES:
- Rellene los alcatraces con helado de chocolate a la avellana, con helado de vainilla y trocitos de chocolate, con helado de cajeta o de nuez.
- Pase el resto de la salsa de cajeta y de los *coulis* en salseritas para que cada quien se sirva al gusto.
- Los conos de chocolate se podrán salpicar con cocoa en polvo.

NOTAS:
- Lave las frutas con un cepillo o una esponja, después desinfecte por 15 minutos. Escurra y deje orear antes de utilizarlas en la receta.
- Lave las zarzamoras con cuidado, desinféctelas, escúrralas y séquelas.
- Corte el chocolate con un cuchillo filoso.
- Guarde el chocolate tapado para que no cambie de color.
- Use chocolate mexicano o importado.
- El chocolate tiene porcentajes en la calidad de la mantequilla de cacao que le da solidez o suavidad.
- Cuando el chocolate se derrita tenga cuidado de que el agua o el vapor no lo moje ya que si le cae agua se pone pinto.
- Podrá sacar las bolas del helado con anticipación manteniéndolas en un congelador; también, si el helado se descongela un poco úselo como parte de la decoración.

CONOS DE CHOCOLATE
A LA CAJETA Y HELADO DE VAINILLA

PARA LOS CONOS:

200	g [6.6 oz] de cobertura de chocolate oscuro, semiamargo, cortado en trocitos
150	g [5 oz] de chocolate oscuro, amargo, cortado en trocitos
8	conos de papel o de plástico, limpios

PARA LA GUARNICIÓN:

¾	lt [1 lb 10 oz] de helado de vainilla
1½	tazas de cajeta quemada espesa

Prepare un recipiente para baño María con agua; tape con el recipiente de arriba para que quede hermético y no se salga el vapor evitando que se manche el chocolate. Coloque los chocolates en trocitos en el baño María hermético, cocínelos a fuego lento hasta que se derritan, muévalos ocasionalmente con una espátula. Retírelos del baño María y reserve el agua caliente. Bata los chocolates con la ayuda de un globo o con una espátula para reducir la temperatura a 85 °F-28 °C o bien ponga una gota de chocolate en la parte superior del labio; y si siente que no quema continúe batiéndolos, vuelva a colocar el recipiente sobre el baño María para que se mantenga el brillo. Con la parte de atrás de una cuchara para sopa embarre los conos de papel con el chocolate derretido de forma que quede una capa semigruesa; con la mano sostenga y voltee hacia abajo para que escurra el chocolate derretido. Para que no quede muy grueso sacuda los conos y deje que salga el chocolate remanente, colóquelos en vasitos tequileros o chaisers para que se sostengan. Déjelos enfriar, refrigérelos durante 3-4 horas o toda la noche para que se endurezcan. Desprenda los conos de papel. Con cuidado retire los conos de chocolate, será mejor que se hagan dentro del refrigerador con la puerta abierta para que no se derritan. Una vez sin el papel póngalos sobre una charola con papel encerado y manténgalos hasta la hora de servir.

PRESENTACIÓN:

En vasitos tequileros sostenga los conos de chocolate. Saque las bolas de helado con un *scoop* ovalado o redondo, coloque 2 bolas de helado en el cono de chocolate y acompañe con una cucharada de cajeta. Sirva inmediatamente.

VARIACIONES:
- Puede utilizar helado de cualquier otro sabor.
- Los conos de chocolate puede salpicarlos con cocoa en polvo.

NOTAS:
- Corte el chocolate con un cuchillo filoso.
- Guarde el chocolate tapado para que no cambie de color.
- Use chocolate mexicano o importado.
- El chocolate tiene porcentajes en la calidad de la mantequilla de cacao que le da solidez o suavidad.
- Cuando el chocolate se derrita tenga cuidado de que el agua o el vapor no lo moje ya que si le cae agua se pone pinto.
- Podrá sacar las bolas del helado con anticipación manteniéndolas en un congelador; también, si el helado se descongela un poco úselo como parte de la decoración.

ZARZAMORA Y FRAMBUESA

PARA LAS COPAS DE FRUTA:

2	mangos niño maduros, sin piel, partidos por la mitad y cortados en cuadritos de 1 x 1cm [.4 x .4 in]
2	mangos manila maduros, sin piel, partidos por la mitad y cortados en cuadritos de 1 x 1 cm [.4 x .4 in]
½	mango ataulfo maduro, sin piel y cortado en cuadritos de 1 x 1 cm [.4 x .4 in]
½	mango petacón maduro, sin piel y cortado en cuadritos de 1 x 1 cm [.4 x .4 in]
750	g [1 lb 10 oz] de zarzamoras limpias
750	g [1 lb 10 oz] de frambuesas limpias
2	tazas de jugo de naranja o mandarina

PARA LA GUARNICIÓN:

½	taza de azúcar
1	ramita de hierbabuena o menta limpia

PARA PREPARAR LAS COPAS DE FRUTA:

Retire la piel de los mangos y píquelos en cuadritos.

PRESENTACIÓN:

En copas grandes ponga 3 cucharadas de cada uno de los mangos, sobre éstos coloque 6 zarzamoras, 17 frambuesas y ½ taza de jugo de naranja. Espolvoree azúcar sobre la fruta y adorne con la ramita de hierbabuena o menta.

VARIACIONES:
- Utilice mangos de excelente calidad.
- Combine la fruta con yogurt o jocoque.
- Agregue en lugar de jugo de naranja, jugo de mandarina.
- Haga la copa con cerezas frescas molidas, con jugo de naranja o de piña.

NOTAS:
- Lave las frutas con un cepillo o una esponja, después desinfecte por 15 minutos. Escurra y deje orear antes de utilizarlas en la receta.
- Lave las zarzamoras y las frambuesas ligeramente, desinféctelas durante 5 minutos.
- Lave y desinfecte la hierbabuena.

DE CHOCOLATE

PARA EL CHOCOLATE:

200	g [7 oz] de cobertura de chocolate semiamargo
150	g [5 oz] de chocolate negro amargo

PARA LAS TRUFAS
DE CHOCOLATE BLANCO:

1	taza de leche
1	vaina de vainilla
2	yemas batidas
1	cucharada de fécula de maíz
1	cucharada de azúcar
2	cucharaditas de extracto de vainilla
250	g [13.3 oz] de chocolate blanco, finamente rallado
1½	cucharadas de mantequilla

PARA LAS TRUFAS
DE CHOCOLATE OSCURO:

1	taza de leche
1	vaina de vainilla
2	yemas batidas
1	cucharada de fécula de maíz
1	cucharada de azúcar
2	cucharaditas de extracto de vainilla
200	g [6.6 oz] de chocolate oscuro en trozos pequeños
1½	cucharadas de mantequilla

PARA LA GUARNICIÓN:

Chocolate en tablilla mexicano, rallado en polvo
Láminas de oro
Chocolate blanco derretido
Lajas de chocolate cortadas en tiras de 5 cm [2 in] de largo y ½ cm [.2 in] de ancho

PARA PREPARAR EL CHOCOLATE:

Prepare un recipiente con agua para baño María; tape con el recipiente de arriba cuidando que quede hermético para que no se salga el vapor y evite que se manche el chocolate. Coloque los chocolates en trocitos en el baño María sellado, cocínelos a fuego lento hasta que se derritan, muévalos ocasionalmente con una espátula. Retírelos del baño María y reserve el agua caliente. Bata los chocolates con la ayuda de un globo o con una espátula para reducir la temperatura a 28 °C-85 °F. En la parte superior del labio ponga una gota de chocolate, deberá estar tibio, si siente que no quema continúe batiéndolos; fuera de la lumbre, vuelva a colocar el recipiente sobre el baño María para que se mantenga el brillo.

PARA PREPARAR
LAS LAJAS DE CHOCOLATE:

Corte tiras rectangulares de 10 x 5 cm [4 x 2 in] de esténciles (micas) y vierta el chocolate derretido sobre ellas con la ayuda de una espátula, dejando una capa delgada, solo para formar las lajas, una vez cubiertos los esténciles póngalos sobre una charola; deje orear ½ hora a temperatura ambiente y refrigérelos durante 8 horas.

En una cacerola ponga a hervir la leche con la vaina de vainilla durante 10 minutos. En un recipiente bata las yemas con la fécula de maíz. Incorpore hirviendo la leche a las yemas batidas, mueva con el batidor de globo. Agregue el azúcar y el extracto de vainilla. Cocine moviéndola constantemente hasta que se forme una natilla espesa o hasta que se vea el fondo de la cacerola. Añada el chocolate blanco y la mantequilla hasta que se derrita. Retire del fuego, siga moviendo hasta que se enfríe. Refrigere durante 4 horas o toda la noche.

Tome 10 g de chocolate blanco, haga las trufas redondas o alargadas; refrigérelas durante 2 horas. Revuélquelas en el polvo de chocolate mexicano. Vuelva a refrigerarlas por un día.

En una cacerola ponga a hervir la leche con la vaina de vainilla durante 10 minutos. En un recipiente bata las yemas con la fécula de maíz. Incorpore hirviendo la leche a las yemas batidas, mueva con el batidor de globo. Agregue el azúcar y el extracto de vainilla. Cocine moviéndola constantemente hasta que se forme una natilla espesa o hasta que se vea el fondo de la cacerola. Añada el chocolate oscuro y la mantequilla hasta que se derrita. Retire del fuego, siga moviendo hasta que se enfríe. Refrigere durante 4 horas o toda la noche.

Tome 10 g de chocolate oscuro, haga las trufas redondas o alargadas; refrigérelas durante 2 horas. Revuélquelas en el polvo de chocolate mexicano. Vuelva a refrigerarlas por un día.

PRESENTACIÓN:

Retire con cuidado el esténcil (mica) de las lajas de chocolate. En un plato extendido coloque una laja, sobre ésta ponga 6 trufas, encima otra laja; adorne con 2 trufas y 2 tiritas de lajas de forma cruzada, a un costado trozos de lámina de oro; haga una línea de polvo de chocolate mexicano y otra con el chocolate blanco derretido. Refrigérelos en los platos antes de servir.

VARIACIONES:
- Haga más lajas de chocolate ya que algunas se pueden romper al desmoldar.
- Forme lajas con el chocolate blanco.
- Ponga las trufas sin cubrirlas con el polvo de chocolate.
- Haga las lajas un poco más gruesas.

NOTAS:
- Corte el chocolate con un cuchillo filoso.
- Guarde el chocolate tapado para que no cambie de color.
- Trabaje el chocolate sobre hielo y refrigere de inmediato.
- Use chocolate mexicano o importado.
- El chocolate tiene porcentajes en la calidad de la mantequilla de cacao que le da solidez o suavidad.
- Cuando el chocolate se derrita tenga cuidado de que el agua o el vapor no lo moje ya que si le cae agua se pone pinto.

PASTELITOS
AL LICOR DE TEQUILA

PARA LOS PASTELITOS:

240	g [8 oz] de harina de trigo blanco
1	cucharadita de polvo para hornear
½	cucharadita de bicarbonato
250	g [8.4 oz] de mantequilla cortada en trocitos
150	g [5 oz] de azúcar
4	yemas de huevo mediano
⅓	taza de licor de tequila
⅓	taza de licor de naranja
2	naranjas medianas, su raspadura
1	taza de nuez finamente picada o molida
4	claras de huevo mediano batidas a punto de turrón
1	cucharada de azúcar
1	pizca de sal

PARA LOS MOLDES:

14-16	moldes de papel aluminio para panqué
10	moldes de papel aluminio para panquecitos
½	taza de mantequilla derretida Harina

PARA LA MIEL:

½-¾	taza de azúcar
1	taza de jugo de naranja fresco
⅓	taza de licor de tequila
⅓	taza de licor de naranja

PARA LAS ALMENDRAS:

¾	taza de almendra sin piel, ligeramente tostada, finamente rallada Azúcar glass

Precaliente el horno a 350 °F–150 °C durante 1 hora.

En un cernidor o coladera pase la harina con el polvo para hornear y el bicarbonato, ciérnala tres veces y apártela. En la batidora ponga un poco de la mantequilla, bátala; cuando se empiece a acremar incorpore otro tanto hasta que quede cremosa y esponjada. Incorpore poco a poco el azúcar y vuelva a esponjarla. Pare la batidora y con la ayuda de una espátula recoja toda la mantequilla con el azúcar de los lados, bájela y continúe batiéndola hasta acremarla. Añada las yemas y vuelva a batir la mezcla durante 6-8 minutos. Incorpore poco a poco la harina cernida; alterne con los licores, la raspadura y la nuez. Mientras tanto bata las claras con la cucharada de azúcar y la pizca de sal hasta dejar un turrón suave y no seco. Deje de batir ambos. Retire de la batidora la mezcla de los licores y con cuidado incorpore las claras de forma envolvente, en tres tiempos para que no se bajen. Engrase de 14-16 moldes individuales de 5 x 2 cm [2 x 8 in] de alto y 10 moldes pequeñitos de 3 x 1 cm [1 x .4 in] de alto. Con una brocha enmantequille los moldes de papel y ligeramente salpíquelos con la harina. Enmantequille ¾ de los moldes de aluminio, vierta la pasta preparada y hornee los moldes grandes por 40 minutos y los pequeños durante 15-20 minutos aproximadamente en la rejilla de enmedio del horno; o bien hasta que salga limpio el palillo. Tenga cuidado de no sobrecocinar los pastelitos.

En un recipiente mezcle el azúcar junto con el jugo de naranja y los licores, cocine la miel durante 6 minutos o hasta que se forme una miel semiespesa.

En un recipiente ponga el agua y deje que hierva, agregue las almendras, hasta que se desprenda la piel. Repóselas durante 15 minutos. Cuélelas. Con la ayuda de un trapo frótelas para que se desprenda su piel y sea más fácil retirarla. Prepare una charola gruesa para horno, extienda las almendras y hornéelas hasta que tomen un color dorado claro. Divida las almendras; pique la mitad en trozos pequeños y el resto rállelo finamente.

Retire los pastelitos de los moldes de aluminio sin quitar el papel. Haga pequeñas incisiones con un palillo, báñelos con la miel y barnícelos con una brocha hasta dejarlos bien empapados. Adórnelos con la almendra picada y finamente rallada, espolvoree azúcar glass.

VARIACIONES:

- Puede hornear los pastelitos directamente en moldes de aluminio o de teflón enmantequillados y ligeramente enharinados.
- Añádale al pastel en lugar de licor, jugo de mandarina y su raspadura finamente rallada.
- Adórnelos con semillas de girasol o pepitas ligeramente tostadas.
- Agregue a la pasta 2 tazas de amaranto y 1 taza de jugo de naranja.
- Adórnelos con cacahuate fresco y tostado, píquelo y rállelo o con polvo de cacahuate.
- Si los pastelitos se cocinaron directamente en molde, desmóldelos.
- Se podrá hacer con harina integral, de arroz o de papa; solo que se agregarían 3 cucharadas de azúcar, 1 huevo, 1 1/4 taza de jugo de naranja o mandarina.
- Espolvoree con azúcar glass.

NOTAS:

- Es importante que la mantequilla sea muy fresca y no pasada.
- Mezcle la mantequilla pura del país con mantequilla importada ya que le dará más sabor y consistencia.
- Adorne con piloncillo rallado.
- Consuma los pastelitos el mismo día de preparación.
- El licor de agavero viene del añejamiento en barrica de roble.
- El licor de naranja tiene otros nombres en Francia.

PARA EL CARAMELO:

2   tazas de azúcar
1⅓   tazas de agua

PARA EL FLAN:

10   huevos mas 4 yemas
2   tazas de leche condensada
2   tazas de leche evaporada
1   queso de cabra o queso crema
        de 150 g [5 oz]
2   cucharadas de extracto de vainilla

PARA PREPARAR EL CARAMELO:

Precaliente el horno al 350 °F-175 °C durante 1 hora.

En una cacerola de fondo grueso, añada el azúcar, disuelva con agua; póngala a cocinar a fuego lento y déjela de mover (con una brocha húmeda retire los cristales de las orillas), continúe su cocción hasta que tome un color ámbar semioscuro. Apártela de inmediato (ya que se sigue cocinando), vierta el caramelo rápidamente a un molde redondo de 24-27 x 8 cm [9.6–10.8 x 3.2 in) con la ayuda de 2 trapos gruesos o unos guantes enguatados, (ya que se calienta mucho), ladee de manera que el caramelo cubra el fondo y las orillas del molde; déjelo enfriar.

PARA PREPARAR EL FLAN:

En un recipiente grande mezcle los huevos y las yemas con la ayuda de un batidor de globo; pásela a una licuadora y añada las leches, junto con el queso de cabra y la vainilla. Vierta la mezcla de las leches con el queso en el molde caramelizado. Tápelo con papel aluminio. Coloque el molde redondo en un molde más grande que contenga 6 cm [2.4 in] de agua. Hornee a baño María durante 1½–1¾ horas; estará cocido cuando pique con el palillo en el centro y salga manchado (tenga cuidado de no sobrecocinar ya que el flan cuando se enfría se endurece). Repóselo y refrigere toda la noche.

PRESENTACIÓN:

Retire del refrigerador, y déjelo a temperatura ambiente durante ½ hora para que el caramelo se suavice, sino sumerja el molde en agua caliente. En un platón grande desmolde el flan y sírvalo entero o en rebanadas con el caramelo.

VARIACIONES:
- El flan deberá quedar con una consistencia suave y cremosa.
- Agregue 2 quesos crema o 2 quesos de cabra para darle otra consistencia y sabor.
- El flan se podrá hacer en 2 moldes de 22 cm [8.8 in].
- Sirva raciones sustanciosas.
- A este flan se le podrá agregar leche de cabra en lugar de leche de vaca.

NOTAS:
- Los huevos deberán estar frescos.
- Tenga cuidado con el caramelo ya que se puede quemar; en caso de un accidente, de inmediato ponga la mano en agua fría y envuélvala con sábila y caléndula.
- Tenga cuidado de no sobrecocinar el caramelo, si no se amarga.

COCADA
IMPERIAL

PARA LA LECHE:

2½ tazas de leche
¾ taza de azúcar

PARA EL CARAMELO:

8 moldes hondos de 10 cm [4 in] con hendiduras
⅓ taza de azúcar

PARA LOS COCOS:

1½ tazas de coco fresco, finamente rallado
2½ tazas de leche de coco
5 huevos medianos

PARA PREPARAR LA LECHE:

Precaliente el horno a 350° F-150° C durante 1 hora.

En una cacerola honda ponga la leche junto con el azúcar; cocínela a fuego lento hasta que el azúcar se disuelva. Continúe su cocción durante 35-45 minutos; muévala constantemente con la ayuda de una cuchara de madera. Déjela para que no se suba y se derrame. La leche deberá quedar reducida a una taza; retírela, déjela enfriar.

PARA PREPARAR EL CARAMELO:

Precaliente un recipiente grueso y profundo, incorpore poco a poco el azúcar hasta que se derrita. Añada otro tanto, con una cuchara o pala de madera muévala para que se derrita y poco a poco tome color. Agregue el resto del azúcar hasta que se forme un caramelo y tenga un color medio claro o semioscuro; (tenga cuidado de no sobrecocinar, ya que sube el caramelo, toma más temperatura y se puede llegar a amargar). En cada molde vacíe el caramelo con guantes enguatados para que no se queme las manos, ladeé los moldes para que queden cubierto el fondo y los lados.

PARA PREPARAR LOS COCOS:

Ralle finamente la pulpa del coco sin la piel café. Aparte la ralladura. En una cacerola ponga el coco rallado junto con la leche, muévalo con una cuchara. Incorpore la leche reducida y cocínelos durante 5-10 minutos. Apártela y deje enfriar. Bata las yemas con la batidora hasta que cambien de color. Incorpore a las leches junto con el coco rallado. Revuelva bien; vierta la leche preparada en los moldes. Ponga una charola honda con agua, colóquela en la parte de enmedio del horno y ponga los moldes preparados de la cocada. Cocínelos en el horno a baño María durante 1-1½ horas o hasta que salga el palillo semihúmedo. Retire con cuidado la charola y los moldes con la cocada, déjelos enfriar y refrigérelos durante 4-6 horas.

PRESENTACIÓN:

En platos hondos o extendidos grandes desmolde cada cocada; deje que escurra el caramelo y haga una mancha.

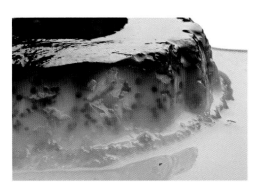

VARIACIONES:
- Haga la cocada en un molde redondo. Cocine el caramelo con 2 tazas de azúcar.
- Utilice y combine agua de coco y leche.
- Añada una vaina de vainilla o extracto de vainilla.

NOTAS:
- Lave el coco con un cepillo o una esponja, escurra y déjelo orear antes de utilizarlo en la receta.
- El coco tendrá que estar muy blanco y no oxidado.
- La mejor pulpa de coco es dura; para poder rallarla.
- El coco contiene sales minerales como: magnesio, fósforo, calcio. En cuanto a nutrientes destaca su aporte de fibra.
- Ahora el coco se usa para elaborar dulces, galletas y también el aceite de coco mezclado con pulpa.
- Extraiga el agua del coco, hornéelo para que se abra y rállelo finamente.

GALLETITAS
DE PIÑÓN Y NUEZ

PARA LAS GALLETAS:

2¼	tazas de mantequilla con sal, cortada en trocitos
½	taza azúcar glass
2	tazas de harina
3	cucharaditas de extracto de vainilla
1	taza de piñón ligeramente horneado y molido
1½	tazas de nuez molida
	Mantequilla

PARA LA GUARNICIÓN:

225	g [7.5 oz] de chocolate semiamargo, cortado en trocitos
225	g [7.5 oz] de chocolate amargo, cortado en trocitos
300	g [10 oz] de chocolate amargo, en barra, en lajas
1	taza de azúcar
3	cucharadas de canela en polvo

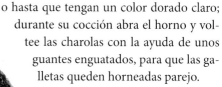

PARA PREPARAR LAS GALLETAS:

Precaliente el horno a 350 °F–150 °C durante 1 hora para hornear las galletas.

En la batidora bata la mantequilla poco a poco hasta que quede una consistencia suave y esponjada. Incorpore el azúcar glass, la harina y la vainilla; continúe batiendo y con una espátula recoja toda la mantequilla de los lados, bájela y continúe batiendo. Añada el piñón y la nuez hasta que se incorporen. Deje de batir, con una espátula retire la pasta del recipiente de la batidora, espolvoree con un poco de harina sobre la superficie donde se va a amasar. Amase ligeramente la pasta de las galletas hasta que se incorpore todo; forme una bola y aplánela. Salpíquela ligeramente con harina, métala en una bolsa de plástico; refrigérela durante 12 horas. Antes de cocinarlas caliente el horno; retire la pasta de las galletas del refrigerador y repósela durante 40 minutos. Engrase con mantequilla dos charolas para galletas. Forme bolitas de 15-20 g [.5 oz] póngalas separadas sobre las charolas engrasadas con mantequilla. Coloque las charolas en la rejilla de enmedio. Hornéelas durante 20-30 minutos o hasta que tengan un color dorado claro; durante su cocción abra el horno y voltee las charolas con la ayuda de unos guantes enguatados, para que las galletas queden horneadas parejo.

PARA PREPARAR LA GUARNICIÓN:

En un recipiente a baño María hermético (es decir que embone bien el recipiente donde está el agua hirviendo y el cazo de arriba tendrá que sobreponerse herméticamente para que no salga vapor, ya que si sale el vapor mancha el chocolate). Ponga el chocolate en trocitos, muévalo con la ayuda de una espátula hasta que quede completamente derretido. Retire el baño María del fuego y con cuidado haga a un lado el cazo de arriba. No tire el agua caliente. Detenga el cazo con un trapo y bátalo para que se obtenga el brillo. Esto es para bajar la temperatura 86 °F-28-30 °C; o bien acérquese una gota de chocolate a la punta del labio superior y tendrá que sentirlo tibio. Vuelva a pasar el cazo encima del recipiente con el agua caliente; esto hará que se mantenga el brillo. Prepare una rejilla, o ponga un papel encerado o estrella sobre la superficie; con los dedos tome cada galleta caliente y sumérjala por la mitad en el chocolate; escúrrala. Colóquelas en la rejilla, o bien, sobre el papel y espolvoréelas con la combinación de azúcar y canela. Déjelas enfriar. Ya para servir adórnelas con el chocolate en lajas (con un cuchillo filoso saque las lajas del chocolate en barra), y algunas galletas revuélquelas con azúcar y canela.

PRESENTACIÓN:

En una charola ponga las galletas una tras otra, adornadas con el chocolate en lajas.

VARIACIONES:
- Haga las galletas, en vez de nuez y piñón, con macadamia, almendra, nuez de la India o semilla de girasol.
- Haga cuernitos, recúbralos con chocolate por la mitad o las puntas.
- Recubra las galletas con azúcar glass.

NOTAS:
- Saque la mantequilla del refrigerador media hora antes para que esté más suave.
- Tenga cuidado que la nuez, piñón, macadamia, nuez de la India o almendras no estén rancias. Las nueces se pueden congelar.
- El horno deberá estar previamente caliente durante 1 hora, sino las galletas no se cocinan parejo.
- La pasta de las galletas deberá reposar en el refrigerador durante 1-2 días, o bien congélela y descongélela en refrigeración.

GARIBALDIS

PARA LOS GARIBALDIS:

300	g [10 oz] de mantequilla
250	g [8.3 oz] de azúcar
7	huevos medianos
2	yemas
⅓	taza de leche
300	g [10 oz] de harina cernida 3 veces con el polvo de hornear
1	cucharadita de polvo para hornear
2	limones, su ralladura

PARA LA GUARNICIÓN:

⅓	taza de agua
1	frasco de mermelada de chabacano de 510 g [1 lb 2 oz]
3	tazas de grageas blancas (chochitos)

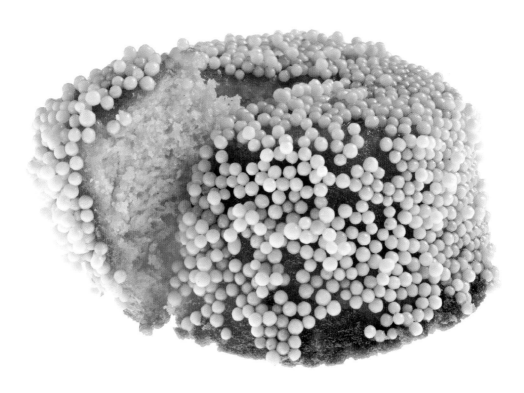

PARA PREPARAR LOS GARIBALDIS:

Precaliente el horno a 350 ºF-175 °C durante 1 hora.

Bata la mantequilla hasta esponjarla, deje de batir y con la ayuda de la espátula despréndala de los lados y continúe batiéndola durante 10 minutos; añada el azúcar y continúe batiéndola hasta que esponje; agregue uno a uno los huevos sin dejar de batir. Incorpore la leche. Añada la harina cernida con el polvo de hornear, incorpore la ralladura y continúe batiendo hasta que la pasta quede tersa. Engrase moldes para panquecitos, enharínelos y sacúdalos; vierta la pasta hasta la mitad porque se esponjan. Hornéelos hasta que doren y sáquelos. Déjelos enfriar un poco y desmóldelos.

PARA PREPARAR LA GUARNICIÓN:

Disuelva la mermelada con el agua, ponga a fuego lento hasta obtener una miel, mueva constantemente. Deje enfriar, cuélela. Con la miel caliente barnice cada garibaldi; páselos a una rejilla, repita lo anterior 3 veces para que la miel se impregne en el pan. En un plato vaya poniendo suficientes chochitos para revolcar cada uno de los garibaldis, para cubrirlos y que se tapicen; así no se mancharán los chochitos y se recubrirá la superficie de cada uno. Así continúe con el resto. Vuelva a salpicar las grageas blancas hasta que queden cubiertos. Deje secarlos por 8 horas o hasta el día siguiente.

PRESENTACIÓN:

En un platón de vidrio coloque los garibaldis y acompáñelos con chocolate batido o café.

VARIACIÓN:
• Haga los garibaldis en moldes pequeños.

NOTAS:
• Utilice la mitad de mantequilla del país y la otra mitad de mantequilla importada, ya que quedan mejor.
• Retírelos del refrigerador para que estén a temperatura ambiente.
• Utilice moldes con antiadherente o de aluminio, forrados con papel encerado o estrella para que no se peguen.
• Si se cocinan en flexipan hornéelos hasta que doren, ya que tendrán mejor sabor.
• Repóselos por 12 horas para que se impregnen bien y queden más ricos.

TARTA DE PAPAYA
CON COULIS DE ZARZAMORA Y MANGO

PARA LA PASTE BRISEE:

1-½	tazas de harina
1	cucharada de leche en polvo
1	cucharadita de azúcar glass
½	cucharadita de sal
210	g [7 oz)] de mantequilla, a temperatura ambiente
2-4	cucharadas de agua con hielo
1	huevo mediano
	Papel encerado, cortado al tamaño de las tartaletas
	Frijoles crudos, los necesarios

PARA LA CREMA PASTELERA:

2	tazas de leche
1	vaina de vainilla, cortada a lo largo
⅔	taza de azúcar glass
6	huevos grandes
3	cucharadas de harina
3	cucharadas de fécula de maíz
2	cucharadas de mantequilla

PARA EL *COULIS* DE ZARZAMORA:

2-½	tazas de zarzamora, lavadas
1-½	tazas de jugo de mandarina o naranja
½-¾	taza de azúcar

PARA EL *COULIS* DE MANGO:

1	taza de mango maduro, sin piel, cortado
½	taza de jugo de naranja
1	cucharada de azúcar

PARA LA GUARNICIÓN:

6	papayas hawaianas, maradol o papaya roja pequeña, madura, sin piel, rebanadas a lo ancho finamente
64	zarzamoras limpias, desinfectadas
24	frambuesas limpias, desinfectadas Azúcar

PARA PREPARAR LA PASTE BRISEE:

En el recipiente del cuisinart ponga la harina, la leche en polvo, el azúcar glass, la sal y la mantequilla en trozos. Muela los ingredientes durante 15-20 segundos. Añada el agua con el huevo; trabájelos nuevamente para que se combinen y se forme una pasta. Si es necesario, mezcle con las manos. Salpique la pasta con harina, refrigérela dentro de una bolsa de plástico durante toda la noche para que le sea más fácil trabajarla al día siguiente.

Precaliente el horno a 350 °F-175 °C durante 1 hora.

Engrase moldes desmontables para tartaletas de 9 cm [3.6 in] de ancho x 2 cm [.8 in] de profundidad. Sobre una superficie enharinada, extienda la mitad de la pasta hasta dejarla de ¼ cm de alto, córtela del tamaño de las tartaletas. Forre las tartaletas con papel encerado cortado al tamaño del molde y presione la masa dentro de los moldes; quite el sobrante de pasta. Haga pequeños agujeritos con la ayuda de un tenedor; rellene con frijoles para evitar que suban a la hora de hornearse. Hornee las tartaletas durante 40-45 hasta que estén ligeramente doradas. Retírelas del horno y quite los frijoles. Apártelas hasta la hora de servir.

PARA PREPARAR LA CREMA PASTELERA:

En una cacerola ponga la leche a hervir, incorpore la vainilla y 50 g [1.8 oz] de azúcar glass. Cocine hasta que hierva.

En un recipiente de cristal ponga las yemas con el resto del azúcar, y con ayuda de la batidora de globo mézclelas fuertemente hasta que cambien de color (amarillo claro). Incorpore lentamente en forma de lluvia la harina con la fécula de maíz hasta que queden los ingredientes totalmente incorporados. Vierta la mitad de la leche caliente al recipiente de las yemas batidas, mézclelas perfectamente. Añada el resto de la leche; cocine a fuego muy lento moviendo constantemente con una cuchara de madera hasta que vea el fondo de la cacerola. Si queda con grumos, bátala. Incorpore 1-2 cucharadas de mantequilla; tápela con papel plástico. Coloque la crema pastelera sobre un recipiente que contenga agua con hielos para que se enfríe; refrigérela durante 8 horas o toda una noche.

En la licuadora mezcle la fruta con el jugo y el azúcar, muélalas. En el caso de *coulis* de zarzamora deje una salsa muy espesa, cuélela; ponga a reducir a una taza a fuego lento para que quede caramelizada. En el caso del *coulis* de mango que quede una salsa semiespesa.

En un plato extendido coloque tres tartaletas, rellénelas de crema pastelera y cúbralas con las rebanadas de papaya. Decórelas con *coulis* de zarzamora, o *coulis* de mango, o bien combine ambos *coulis*; coloque zarzamoras alrededor, salpique con un poco de azúcar sobre éstas y frambuesas en el centro. Adorne con manchones de los *coulis*.

VARIACIONES:
- Ponga en cada plato una tartaleta. Rellénelas de crema pastelera y cúbralas con las rebanadas de papaya. Báñelas con el *coulis* de zarzamora y encima ponga una gota de *coulis* de mango; con la ayuda de un palillo forme líneas. Como ornamento en el plato puede poner unas ramitas o flores de jardín. Sirva inmediatamente.
- Los *coulis* pueden ser al gusto, puede bañar con *coulis* de mango y encima poner el de zarzamora.
- Para que el *coulis* quede más espeso agregue más zarzamora.
- A la crema pastelera le puede agregar una taza de almendras sin piel y molidas finamente.
- Adorne con almendras fileteadas, ligeramente tostadas.
- Adorne las tartas con el xoconostle enmielado.
- Combínelo con mango.

NOTAS:
- Lave las zarzamoras y las frambuesas con cuidado, después desinfecte por 15 minutos. Escurra y deje orear antes de utilizarlas en la receta.
- Rellene las tartaletas con la natilla hasta el momento de servir; para que no se humedezca la pasta.
- La papaya contiene calcio, es diurético y ayuda a la digestión.
- El mango es una fruta completa, tiene vitaminas A y C; calcio y hierro.
- La zarzamora es una fruta alcalina y contiene vitamina C, betacarotenos, vitamina A, calcio y hierro.
- La frambuesa estará en su punto en primavera o verano, es cuando tiene más sabor.
- La frambuesa contiene vitamina C.

BUÑUELOS
DE MANZANA

PARA LOS BUÑUELOS:

1½	tazas de leche
½	cucharadita de sal
2	cucharaditas de raspadura de limón
½	taza de azúcar
6	cucharadas de mantequilla
1½	tazas de harina
6	huevos batidos
4	manzanas amarillas, rojas o rayadas, sin piel, cortadas en octavos y sin semillas
2	tazas de aceite

PARA EL AZÚCAR:

2	tazas de azúcar
2-3	cucharadas de canela en polvo

PARA PREPARAR LOS BUÑUELOS:

En una cacerola mezcle la leche con la sal, la raspadura, el azúcar y la mantequilla; cuando suelte el hervor, añada la harina de un golpe y mueva constantemente hasta que se despegue del cazo. Retire del fuego y deje reposar por 20 minutos. Con la ayuda de un batidor de globo agregue de uno en uno los huevos y mezcle hasta obtener una pasta sin grumos. Retire la cáscara a las manzanas con un pelador de papas; corte en octavos y páselas a un recipiente con un poco de agua con el limón, ya que la fruta se oxida rápidamente, no deje mucho tiempo las manzanas en el agua con el limón ya que absorbe mucho líquido. Escúrralas y séquelas. Sumerja las manzanas en la masa y recubra cada octavo con una capa gruesa, cocínelas en el aceite caliente hasta que doren por ambos lados. Con una espumadera retire y escurra sobre papel absorbente.

PARA PREPARAR EL AZÚCAR.

Mezcle el azúcar con la canela; divida en 3 partes. Revuelque los buñuelos pasándolos por cada tanto de azúcar preparada para que no se engrasen. Revuélquelos calientes para que pegue bien el azúcar con la canela.

PRESENTACIÓN:

En cada plato sirva bien calientes los buñuelos.

VARIACIONES:
- Sirva los buñuelos con crema natural o jocoque.
- Acompáñelos con helado de vainilla.
- Revuélquelos con azúcar molida con vaina de vainilla.

NOTAS:
- Lave las frutas con un cepillo o una esponja, después desinfecte por 15 minutos. Escurra y deje orear antes de utilizarlas en la receta.
- Hay varias clases de manzana: amarilla, roja o rayada.
- Es rica en vitaminas y es energética.

ENSOLETADO A LA VAINILLA

PARA LA CREMA A LA VAINILLA:

2½	tazas de azúcar o al gusto
2	vainas de vainilla molidas
3	tazas de crema dulce fría, para batir
3	tazas de crema natural fría, para batir
4	tazas de requesón fresco

PARA LA INFUSIÓN DE CAFÉ:

2½	tazas de agua
2	vainas de vainilla
15-20	cucharadas de café express
4	cucharadas de extracto de vainilla
1	taza de licor de café

PARA LA GUARNICIÓN:

64	soletas
64	frambuesas limpias, escurridas

PARA PREPARAR LA CREMA A LA VAINILLA:

En la licuadora muela el azúcar con la vainilla. En el recipiente de la batidora ponga las cremas, revuélvalas; congélelas durante 45 minutos. Bata las cremas hasta que empiecen a formar medias lunas y estén espesas con consistencia firme, (tenga cuidado de no sobrebatir porque se pueden cortar y no sirven). Agregue a la crema batida el azúcar con la vainilla; continúe batiendo hasta que se formen picos, lunas y esté espesa. Retírela. Pásela a un recipiente con hielo. Aparte 1½ taza de crema y revuelva el requesón poco a poco en forma envolvente. Continúe envolviendo el resto de la crema.

PARA PREPARAR LA INFUSIÓN DE CAFÉ:

En un recipiente ponga a hervir el agua. Agregue las vainas de vainilla a que hierva durante 8 minutos. Añada el café, cuando suelte 2 hervores, apague el fuego; infusiónelos durante 10 minutos. Cuele y deje enfriar. Incorpore el extracto de vainilla y el licor.

PARA PREPARAR EL ENSOLETADO:

Prepare 4 moldes cuadrados de 8 x 8 cm [3 x 3 in] o bien un molde desmontable redondo de 20-22 x 8 cm [8-8.8 in x 3 in] de alto. Forre con papel plástico el fondo de los moldes. En un recipiente grande ponga la infusión del café con el licor. Introduzca y moje ligeramente las soletas por ambos lados; rápidamente, escurra y forre el fondo con las soletas (a veces se tendrán que cortar por la mitad para que se forme la base y con el resto de las soletas forre los moldes; las orillas del molde deberán quedar bien forradas con las soletas para que no queden huecos). Rellene los moldes individuales o el redondo con la crema preparada con el requesón, termine de cubrir con el resto de las soletas para que se cierre con una capa. (Trabaje las soletas de una en una para que no se remojen y no se rompan). Recubra con el papel plástico y ponga algo pesado para que se compacte el relleno con las soletas. Refrigere durante 8-12 horas.

PRESENTACIÓN:

Desmolde los moldes cuadrados con el ensoletado, recubra con la crema batida con la ayuda de una espátula y tapice con las frambuesas en la parte de encima. Refrigere antes de servirlo. Presente este postre así en la mesa y divídalo en dos.

VARIACIONES:
- Las soletas las puede poner a secar o bien remójelas en leche al natural, con unas gotas de esencia de almendra, de licor, de vainilla o combinada kirsh (licor de almendra).
- Rellene en el centro de cada molde con una capa de frambuesas.
- Haga el ensoletado en forma de molde desmontable para paté o para panqué alargado.

NOTAS:
- La crema dulce es la crema para batir.
- La combinación de crema natural y crema dulce da otra consistencia. La crema dulce sola quedará muy ligera.
- Desprenda las soletas del papel estraza con la ayuda de un cuchillo; tenga cuidado de no humedecer demás las soletas ya que se pueden deshacer.
- Muela el azúcar con la vaina de vainilla y la podrá tener en un frasco para que se aromatice más y así poderla espolvorear por encima o alrededor.
- La vainilla en vaina es originaria de Papantla, Veracruz.

ENSOLETADO
DE CAFÉ

PARA LA CREMA DE CAFÉ:

300	g [10 oz] de mantequilla suave, cortada
1½	latas de leche condensada
2½	cucharadas de café soluble o al gusto

PARA LA INFUSIÓN DE CAFÉ:

½	taza de agua
3–5	cucharadas de café

PARA LAS SOLETAS:

48	soletas de panadería

PARA LA GUARNICIÓN:

320	g [10.6 oz] de nuez en lajas muy delgadas
	Mantequilla derretida
	(Para engrasar los platitos)

PARA PREPARAR LA CREMA DE CAFÉ:

En la batidora bata la mantequilla hasta acremarla; incorpore poco a poco la leche condensada con el café soluble hasta dejar una crema espesa con el sabor de café. Refrigérela durante 15 minutos.

PARA PREPARAR LA INFUSIÓN DE CAFÉ:

En una cacerola ponga el agua junto con el café, disuélvalo y deje hervir durante un minuto. Apártelo. Déjelo enfriar.

PARA PREPARAR EL ENSOLETADO:

Engrase platitos de 12½ cm [5 in] de diámetro con mantequilla derretida. Coloque 3 soletas remojadas ligeramente por ambos lados con la infusión de café; encima póngale 2 cucharadas de la crema de café; acomode otra capa de 3 soletas remojadas, nuevamente cubra con la crema y espolvoree con 40 g [1.4 oz] de nuez en lajas muy delgadas cubriendo completamente. Refrigérelos durante 2 horas.

PRESENTACIÓN:

Retire del refrigerador los ensoletados y sírvalos con nuez en lajas muy delgadas.

VARIACIONES:
- Remoje las soletas en la leche sola o bien combinada con café.
- Agregue chocolate de leche derretido a la mantequilla.
- Adorne el ensoletado con tiras de chocolate amargo y dulce.
- Puede utilizar café expreso para la infusión.

NOTAS:
- Las soletas deberán estar frescas, cómprelas en la panadería.
- Las soletas deberán remojarse ligeramente por ambos lados, para que absorban lo necesario de la infusión.
- Las nueces se deberán rallar con un rallador alargado fino.
- Haga el ensoletado de café en un refractario cuadrado.
- La nuez contiene ácidos grasos esenciales en omega 3 y omega 6; reducen el colesterol de la sangre.

PARA 8 FRASCOS MEDIANOS

PARA LA MERMELADA:

4	kg [8 lb 13 oz] de ciruelas rojas o amarillas, sin hueso, cortadas en cuarterones
1600	kg [3 lb 8 oz] de manzanas sin piel, ralladas
2-2½	kg [4 lb 6 oz-5 lb 8 oz] de azúcar
10	gotas de limón

PARA ESTERILIZAR LOS FRASCOS:

En una cacerola ponga los frascos limpios, hiérvalos durante 45 minutos. Déjelos enfriar; escúrralos sobre una rejilla hacia abajo hasta que se evapore el agua.

PARA PREPARAR LA MERMELADA:

Coloque la fruta en un recipiente intercalando la ciruela y la manzana con una capa de azúcar. Deje reposar a temperatura ambiente durante 24 horas. Pase la fruta a una cacerola mediana, cocine a fuego lento hasta que forme espuma. Retire la espuma. Vierta el jugo de limón. Continúe su cocción durante 2½ horas o hasta que tenga una consistencia semiespesa.

Para ver si está en su punto, vierta un poco de mermelada en un plato extendido, ladéelo; si ya no escurre estará lista la mermelada. Retire del fuego. Deje enfriar. Llene de mermelada los frascos esterilizados. Refrigérela.

PRESENTACIÓN:

Haga un manchón de la mermelada con la ayuda de una espátula.

VARIACIONES:

- Sirva la mermelada de ciruela y manzana en platitos o en salseritas. Acompañe con cuernitos, baguettes, pan integral, de granos, de papa, de semillas o tostado y mantequilla.
- Haga la mermelada de ciruela con pera.
- La mermelada tiene una textura más suave por la combinación de la fruta.
- A la mermelada se le podrá agregar canela en raja o combinada con clavo.
- Antes de cerrar los frascos de mermelada puede añadirle ron, piñones, almendras o avellanas.
- Ponga la fruta fresca en tartaletas, cuele la mermelada y recúbrala para que se forme un glasee.
- Rellene con esta mermelada galletas, tartas o pasteles.

NOTAS:

- Lave las frutas con una esponja, después desinfecte por 15 minutos. Escurra y deje orear antes de utilizarlas en la receta.
- La mermelada deberá quedar con una consistencia espesa pero no recocida.
- Ponga los frascos con la mermelada a baño María sin apretar las tapas. Hiérvalos durante 5 minutos para crear un sellado al vacío.
- Lo mejor será utilizar la fruta madura para hacer mermelada.
- La ciruela roja contiene vitaminas A y C.
- La manzana contiene fibra y vitamina C.

MERMELADA
DE FRAMBUESA

PARA 3 FRASCOS MEDIANOS

PARA LA MERMELADA:

2.040 kg [4 lb 8 oz] frambuesas limpias, escurridas
1½-2 kg [3 lb 5 oz-4 lb 7 oz] de azúcar
10 gotas de limón

PARA ESTERILIZAR LOS FRASCOS:

En una cacerola ponga los frascos limpios, hiérvalos durante 45 minutos. Déjelos enfriar; escúrralos sobre una rejilla hacia abajo hasta que se evapore el agua.

PARA PREPARAR LA MERMELADA:

Coloque la fruta en un recipiente intercalando las frambuesas con una capa de azúcar. Deje reposar a temperatura ambiente durante 24 horas. Pase la fruta a una cacerola mediana, cocine a fuego lento hasta que forme espuma. Retire la espuma. Vierta el jugo de limón. Continúe su cocción durante 3½ horas o hasta que tenga una consistencia semiespesa.

Para ver si está en su punto, vierta un poco de mermelada en un plato extendido, ladéelo; si ya no escurre estará lista la mermelada. Retire del fuego. Deje enfriar. Llene de mermelada los frascos esterilizados. Refrigérela.

PRESENTACIÓN:

Haga un manchón de la mermelada con la ayuda de una espátula.

VARIACIONES:
- Sirva la mermelada de frambuesa en platitos o en salseritas. Acompañe con cuernitos, baguettes, pan integral, de granos, de papa, de semillas o tostado y mantequilla.
- Sirva la mermelada con queso fresco, queso brie o queso crema.
- Haga hojaldres rellenos de mermelada.
- Ocupe la mermelada para adornar los pays de queso.
- A la mermelada se le podrá agregar canela en raja o combinada con clavo.
- Antes de cerrar los frascos de mermelada puede añadirle ron, piñones, almendras o avellanas.
- Ponga la fruta fresca en tartaletas, cuele la mermelada y recúbrala para que se forme un glasee.
- Rellene con esta mermelada galletas, tartas o pasteles.

NOTAS:
- Lave las frambuesas con cuidado, después desinfecte por 15 minutos. Escurra y deje orear antes de utilizarlas en la receta.
- La mermelada deberá quedar con una consistencia espesa pero no recocida.
- Ponga los frascos con la mermelada a baño María sin apretar las tapas. Hiérvalos durante 5 minutos para crear un sellado al vacío.
- La frambuesa estará en su punto en primavera o verano, es cuando tiene más sabor
- La frambuesa contiene vitamina C.

MERMELADA
DE ZARZAMORA

PARA LA MERMELADA:

2½-3½ kg [5 lb 8 oz-7 lb 11 oz]
de zarzamoras limpias, escurridas
2½-3 kg [5 lb 8 oz-6 lb 10 oz] de azúcar
10 gotas de limón

PARA ESTERILIZAR LOS FRASCOS:

En una cacerola ponga los frascos limpios, hiérvalos durante 45 minutos. Déjelos enfriar; escúrralos sobre una rejilla hacia abajo hasta que se evapore el agua.

PARA PREPARAR LA MERMELADA:

Coloque la fruta en un recipiente intercalando las zarzamoras con una capa de azúcar. Deje reposar a temperatura ambiente durante 24 horas. Pase la fruta a una cacerola mediana, cocine a fuego lento hasta que forme espuma. Retire la espuma. Vierta el jugo de limón. Continúe su cocción durante 3½ horas o hasta que tenga una consistencia semiespesa.

Para ver si está en su punto, vierta un poco de mermelada en un plato extendido, ladéelo; si ya no escurre estará lista la mermelada. Retire del fuego. Deje enfriar. Llene de mermelada los frascos esterilizados. Refrigérela.

PRESENTACIÓN:

Haga un manchón de la mermelada con la ayuda de una espátula.

VARIACIONES:
- Sirva la mermelada de zarzamora en platitos o en salseritas. Acompañe con cuernitos, baguettes, pan integral, de granos, de papa, de semillas o tostado y mantequilla.
- Sirva la mermelada con queso fresco, queso brie o queso crema.
- Haga hojaldres rellenos de mermelada.
- Ocupe la mermelada para adornar los pays de queso.
- A la mermelada se le podrá agregar canela en raja o combinada con clavo.
- Antes de cerrar los frascos de mermelada puede añadirle ron, piñones, almendras o avellanas.
- Ponga la fruta fresca en tartaleta, cuele la mermelada y recúbrala para que se forme un glasee.
- Rellene con esta mermelada galletas, tartas o pasteles.

NOTAS:
- Lave las zarzamoras con cuidado, después desinfecte por 15 minutos. Escurra y deje orear antes de utilizarlas en la receta.
- La mermelada deberá quedar con una consistencia espesa pero no recocida.
- Ponga los frascos con la mermelada a baño maría sin apretar las tapas. Hiérvalos durante 5 minutos para crear un sellado al vacio.
- La zarzamora estará en su punto en primavera.
- La zarzamora contiene vitaminas A y C.

GAVILLA

nacieron de la fecunda imaginación de Patricia Quintana, reconocida internacionalmente como una de las mejores chefs de México.

Los productos Gavilla están hechos con ingredientes naturales que le dan el toque de sabor y distinción a los platillos.

Estos aderezos y marinadas mantienen y guardan las cualidades de la tradición de la cocina casera.

ADEREZO DE MOSTAZA Y MIEL

Para ensaladas
Vegetales crudos o cocidos
(al vapor, a la plancha, o salteados)
Papas (al horno o ensalada)
Pescados y mariscos
Aves y carnes rojas
Carnes frías
Quesos

ADEREZO DE SOYA Y LIMÓN

Para ensaladas
Vegetales crudos o cocidos
(al vapor, a la plancha, o salteados)
Arroz
Pasta fría
Quesos suaves
Sushi, pescados y mariscos
Para marinar brochetas (de aves y carnes rojas)

MARINADA DE ORÉGANO Y MEJORANA

Para marinar carnes y aves
Quesos (a la plancha o gratinados)
Verduras a la plancha

MARINADA DE ACHIOTE

Para marinar pescados y mariscos
Cochinita, conejo o pollo a la pibil
Tamales
Mixiotes

Más aderezos y salsas:

MARINADAS:
- ACHIOTE
- ORÉGANO Y MEJORANA

ADEREZOS:
- MOSTAZA Y MIEL
- CÉSAR A LA PARMESANA
- MIRIM CON CHILE DE ÁRBOL
- WASABE CON QUESO ROQUEFORT
- COLONIAL
- DE LA CASA

SALSAS:
- MAÑANERA (jitomate con jalapeño, asado)
- ARRIERA (tomate verde con chile de árbol y chile morita frito)
- JITOMATE CON CHIPOTLE (jitomate con chile mora frito y piloncillo)
- 3 CHILES (tomate verde, chile jalapeño, chile serrano y chile habanero)
- JALAPEÑO (tomate verde con jalapeño)

Esta obra fue impresa y encuadernada
en septiembre de 2010
en los talleres de BIGSA Industria Gráfica
que se localizan en
Polígono Industrial Congost
Avda./ Sant Juliá, 104-112. 08400 Granollers
Barcelona (España)

El diseño de interiores estuvo a cargo de Eduardo Romero Vargas
y la formación tipográfica a cargo de Judith Mazari Hiriart.